나를 바꾸는
1%의비밀

How to be successful & happy

나를 바꾸는
1%의 비밀

비믈라 파틸 지음
손민규 옮김

메가트렌드

작가의 말

　⋯ 새로운 도전의 시작은 예기치 않은 경우에서 비롯될 때가 많다. 이 책을 쓰게 된 동기 역시 예외는 아니다. 오랫동안 나는 이 책의 내용에 대해 생각했다. 결국 집필에 이르게 되었는데, 그 계기는 자체만으로도 한 편의 소설 같다.

　어느 날 밤, 절친한 친구가 내게 전화를 해 놀라운 제안을 했다. 그녀는 매주 일요일 저녁이면 뭄바이 근교에 있는 라마크리슈나 미션의 아쉬람을 찾아가 《바가바드기타》 강연을 들었는데, 정기적으로 강연을 하던 스와미지가 입원을 하는 바람에 대리 강연자로 나를 추천했다는 것이었다. 18장으로 이루어진 《바가바드기타》를 강연하는 사람들은 모두 저명한 강사이거나 종교 학자라는 사실을 익히 알고 있던 나로서는 갑작스러운 제안에 놀라지 않을 수 없었다. 기타의 신성한 지혜와 철학이 주는 명쾌한 해석에 깊이 빠져 있긴 했지만 내가 강연자의 위치에 선다는 것은 상상조차 할 수 없는 일이었기 때문이다. 《바가바드기타》를 학문적으로 공부한 적도 없었고 게다가 산스크리트는 말할 필요도 없었다. 나는 그저 《바가바드기타》를 통해 스스로의 지식과 인격을 갈고 닦는 데에 관심을 둔 신실한 구도자였을 뿐 대중을 상대로 기타를 강연할 자격이 갖추고 있지 않았던 것이다.

다음 날 친구와 만난 나는 손사래를 치며 그녀의 제안을 거절했다.

"고명한 스승들의 명쾌한 해석에 익숙한 청중들 앞에서 웃음거리가 되고 싶지는 않아!"

하지만 친구는 막무가내였다. 그녀는 내 의견을 묻기도 전에 이미 아쉬람의 대표와 약속을 해놓았던 것이다. 그러고는 제안을 거절하면 자신이 난처해질 거라며 볼멘소리를 했다. 결국 나는 친구의 협박 아닌 협박에 지고 말았다.

그러나 안타깝게도 강연 제안을 받아들인 날 이후로

자책과 함께 불면의 날들이 이어졌다. '실패'라는 이름의 유령들이 밤새도록 춤을 추며 내 주위를 맴돌았다. 무모하고 어리석은 나의 결정을 힐난하면서 말이다. 그렇게 며칠을 보낸 어느 날 문득 젊은 시절 부모님께 전해 들은 지혜의 말이 떠올랐다.

"어떤 문제에 직면하면 한결같은 마음으로 그 문제에 집중해라. 명상 수준에 도달할 때까지 계속해야 한다. 그러면 어느 순간 네 마음에 빛이 스미고, 그 빛은 너를 해결의 길로 이끌 것이다. 그 빛이 인도하는 쪽으로 따라가다 보면 너를 힘들게 하는 문제가 무엇이든 간에 십중팔구 해결책을 발견하게 될 것이다."

나는 그래, 하고 무릎을 치며 이내 마음을 다잡았다. 부모님의 말씀대로 시험해 보기로 한 것이다. 내가 알고 있는 《바가바드기타》의 세계로 몰입하기 시작했다. 지혜의 바다에서 배운 거대한 말씀을 어떻게 간략하게 요약할 수 있을지에 대해 밤낮으로 생각했다. 집요하게 해결책을 모색하며 마음속의 잡념이 모두 비워질 때까지 명상을 지속했다. 그러자 어느 순간 부모님의 말씀대로 내면에서 한줄기 빛이 솟아올랐다. 빛의 방향을 따라 해결의 길로 향하는 경험을 몸소 체험하는 순간이었다. 나는 명상을 멈추지 않았다. 그 결과 나는 실패의 두려움에서 벗어나 두 개의 강연 주제를 찾을 수 있었다.

오랫동안 관심을 두었던 몇 가지 문제를 청중들에게 제시하기로 했다.

'왜 크리슈나는 판다바가 가까운 친구들임에도 불구하고 아르주나 Arjuna 에게만 《바가바드기타》의 비밀을 전수하기로 했는가? 왜 크리슈나는 절친한 친구였던 드라우파디가 《바가바드기타》의 신성한 지식을 전수받는 데 적합하지 않다고 생각했는가? 아르주나는 어떤 자질로 인해 《바가바드기타》라는 자기실현의 보물을 받을 수 있었는가? 크리슈나가 인생의 성공과 행복을 위해 《바가바드기타》에서 설한 가르침은 무엇인가? 이러한 가르침으로부터 우리는 무엇을 배우고, 어떻게 지혜를 얻어 성공과 행복의 길로 나아갈 수 있는가?'

나는 우선 슐로카를 살펴보았다. 거기에서 나는 앞의 의문점들을 놀랍도록 선명하게 그려 낸 부분을 발견했다. 슐로카는 다음과 같이 말했다.

이렇게 상상해 보라. 모든 우파니샤드는 암소이며 크리슈나는 목자다. 아르주나는 대단히 총명하고 순수한 송아지다. 그리고 《바가바드기타》의 신주神酒를 받아 복을 누린 자다!

앞의 의문에 대한 답을 찾아가는 과정은 매우 흥미로웠고 그만큼 결과도 만족스러웠다. 이를 바탕으로 아쉬람에서 진행한 강연은 부족함이 있음에도 청중으로부터 갈 채를 받았다. 이에 힘을 얻어 나는 강연에 열정을 더했다. 강연 내용은 종교 철학과 관련이 없는, 즉 사람들이 실생활에 응용할 수 있는 분야의 이야기들이 대부분이었다. 현실적이면서도 영적으로 청중을 고양시키고자 하는 것이 나의 목적이었던 것이다. 강연은 성공적이었다.

두 번째 강의가 끝날 무렵, 어떤 사람이 다가와 내게 이렇게 물었다.

"인도 전역에 있는 독자들을 위해 선생님의 강의 내용을 신문에 기고하는 건 어떻겠습니까?"

자신감이 생긴 나는 뜻밖의 제의를 선뜻 받아들여 강연 내용을 기고문으로 정리했다. 기고문은 전국의 여러 신문에 여러 언어로 번역되어 특집 기사로 게재되었다. 나의 책을 출간한 적이 있던 한 출판사가 그 특집 기사를 보고는 '성공과 행복에 대한 고대 인도의 지혜를 밝히는 책'으로 한번 엮어 보는 것이 어떻겠느냐고 제안했다.

출간을 결정하고도 많은 시간을 나는 고민했다. 하지만 기이하게도 그렇게 얻은 시간이 내게는 오히려 유익한 순간이 되었다. 기나긴 동면의 시간 동안 마음속에서 꿈틀거린 유충, 즉 발상이 그 화려한 색채의 날개를 드러낸 것이다. 마음속에 떠오른 발상에 초점을 맞춰 그에 필요한 방대한 자료를 수집하고 그 발상에 대해 면밀히 사색하고 탐구한 뒤 다시 불필요한 자료와 이야기들을 과감하게 정리했다.

또한 나는 마하라슈트라의 박티 교단의 창립자인 산트 드니아네슈와르(Sant Dnyaneshwar, 1275~1296)가 저술했으며 마하라슈트라 어의 최고봉으로 유명한 《드니아네슈와리Dnyaneshwari》도 함께 연구했다. 《바가바드기타》의 탁월한 주석서인 이 책은 왜 크리슈나가 최상의 영적 지혜 전수자로 아르주나를 선택했는지 그 이유를 밝힘과 동시에 아름다운 비유들을 제시한다. 예를 들면 다음과 같다.

1. 그릇에 물을 채우기 전에 그릇이 새는지 알아보기 위해 미리 약간의 물을 부어 보는 것처럼, 크리슈나는 영적 지혜의 신주를 붓기 전에 아르주나의 이해력과 지각력, 그리고 인격을 시험했다.

2. 새로운 보물지기가 오면 그의 정직성을 시험해 보고 보물 창고의 열쇠를 맡기듯, 크리슈나는 '궁극의 영적 지혜'라는 보물을 지키는 이로서 아르주나가 적합한지 시험했다.

3. 토지가 비옥하면 소출이 많아지고 풍요로운 수확의 기쁨을 누리듯, 크리슈나는 아르주나에게 신성한 지혜의 정수를 심고 아르주나가 단계를 밟아 가며 진화하는 모습을 기쁨의 눈으로 바라보았다.

4. 금이 거듭해서 불의 연단을 받을 때 순수해지듯, 크리슈나는 《바가바드기타》의 진리로 아르주나를 연단해 영광의 빛을 발하게 했다.

5. 어머니는 자식에게 귀중한 장신구를 달아 주고 예쁜 모습에 기뻐하듯—비록 자식이 장신구의 가치를 모를지라도—크리슈나는 아르주나에게 크나큰 사랑과 애정으로 지혜의 장신구를 달아 주고 당당하게 기뻐하는 모습을 바라보았다.

6. 이윽고 아르주나가 모든 시험을 통과하자 크리슈나는 아르주나가 우주 지혜의 정수를 전수받을 자격이 충분하다고 선언했다.

"아르주나여, 내가 하는 말에 각별히 귀를 기울여라. 내가 하는 말은 단순한 인간의 언어가 아니라 우주의 신성한 비밀이기 때문이다." (《드니아네슈와리》, 10장, 50~60절)

이렇게 해서 오랫동안 가슴에 묻혀 꿈틀거리던 유충은 힘찬 날갯짓을 하며 세상 밖으로 나오게 된 것이다. 이 책에는 내 자신은 물론 주변의 많은 사람들의 인생까지도 긍정적으로 변화시켜 준 지혜의 이야기들이 가득하다. 이 이야기들은 나로 하여금 성공과 기쁨을 누리게 해주었다. 그 이유는 행복과 함께 찾아오는 성공에 대해 이야기할 뿐, 질병과 우울, 스트레스를 초래하는 성공에 대해서는 이야기하지 않고 있기 때문이다. 물론 물질적 풍요가 안겨 주는 성공을 간과하지는 않는다. 희생적인 삶을 강요하지도 않으며 행복한 삶을 사는 데 필요한 즐거움을 거부하지도 않는다.

이 책은 독자에게 다음과 같은 질문을 던진다.

"풍요롭게 살기를 원하는가, 아니면 풍요롭게 죽기를 원하는가? 물질로 인해 스트레스를 받는가, 아니면 행복을 느끼는가? 돈의 노예가 되기를 원하는가, 아니면 주인이 되기를 원하는가?"

돈의 노예가 되는 것은 부자가 되는 것보다 쉽다. 돈의 노예가 된 사람들은 탐닉과 사치를 위해 쫓기듯 돈을 버는 상황에 내몰리는 반면, 참된 부자는 진실한 행복을 누리기 위해 아낌없이 돈을 쓴다. 성공은 행복의 날개를 펴고 날아오를 때 멀리, 그리고 높이 날 수 있는 법이다. 이러한 이야기들이 바로 크리슈나가 가장 친한 친구이자 구도자인 아르주나에게 들려준 성공과 행복의 비결이다.

비믈라 파틸

Contents

Part 3 관계_관계 속에 깊어지는 풍요로운 삶

Part 4 감사_**칼바람 속에 피어나는 성공의 눈꽃송이**

Part 1_열정

인생을 꽃피우는 찬란한 열정

01
자신의 무지 인정하기

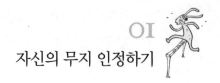

자기 자신을 현명하다고 생각하는 사람은 그야말로 바보이다.
— 볼테르

••• 진정한 지혜를 얻기 위해서는 가장 먼저 자신이
무지하다는 것을 인정해야 한다. 이것은 이제까지 자신이
안다고 믿고 있었던 모든 것들을 내버리고, 하나부터 열까
지 배워 나가려는 마음의 자세를 갖추어야 함을 의미한다.
하지만 자신의 무지를 온전히 인정하기란 생각처럼 쉽지
않다. 자칫하다가는 자기 비하로 흐를 수도 있기 때문이다.
많은 사람들이 스스로 '자신은 모르는 게 없다'거나 '내가

아는 것이 절대적으로 옳다'라는 착각에 휩싸이기 마련이어서, 새로운 지혜를 얻게 되는 즐거움을 놓치기 일쑤다.

《바가바드기타》를 전공한 저명한 학자가 있었다. 그의 강의를 듣기 위해 각지의 사람들이 먼 걸음을 마다하지 않고 모여들었다. 강의 내용에 감동한 사람들은 그의 발을 만지며 경탄해마지 않았다. 시간이 흐를수록 사람들의 경외심은 더욱 깊어져 갔다. 그러나 경외심이 깊어질수록 사람들의 마음 한곳에 알 수 없는 두려움이 싹트기 시작했다.

사람들이 품고 있는 두려움의 근원은 바로 여기에 있었다. 시간이 흐를수록 그의 강의는 단조롭게 느껴졌으며, 그의 사상에는 더 이상 새로울 것이 없었다. 그로 인해 전에 느꼈던 칼날 같은 열정을 찾아볼 수 없다고 생각하면서도 대놓고 직접적으로 그런 말을 할 수 없었다. 청중의 수는 눈에 띄게 줄어들기 시작했다.

이를 느낀 친구 한 명이 그를 불러 이렇게 말했다.

"강연 내용과 형식에 변화가 필요한 것 같군."

"그럼 어떻게 하면 좋겠나? 나는 청중에게 《바가바드

기타》의 모든 걸 얘기했네. 그래서 다들 나 보고 《바가바드기타》 분야에서 단연 최고라고 하지 않나. 그렇게 말했던 청중들이 내게 더 원하는 게 도대체 뭐지? 자네는 알고 있나?"

"교외로 나가면 한적한 곳에 아쉬람이 있는데, 그곳에 《바가바드기타》의 비밀을 아는 요기 요가 수행자가 살고 있네. 그곳에 가서 요기의 지혜를 들어 보는 게 어떻겠나?"

하루라도 빨리 청중을 다시 강연장으로 끌어 모으고 싶은 조급한 마음에 그는 친구의 제안을 선뜻 받아들였다. 둘은 그의 고급 리무진을 타고 아쉬람으로 향했다.

그는 요기가 있는 장소로 들어서자마자 입을 열었다.

"《바가바드기타》에 대한 선생님의 지혜를 얻고자 이렇게 찾아왔습니다. 죄송하지만 제가 바빠서 시간이 많지 않으니 몇 가지 지혜만 빨리 전해 주실 수 있겠습니까?"

요기가 웃으며 말했다.

"아, 선생에 대해서는 익히 들어 알고 있지요. 참으로 훌륭한 분이시니 바쁘신 것도 당연하겠지요. 하지만 제대로 대접도 않고 빈손으로 돌아가시게 할 수는 없습니다. 먼저 차라도 한 잔 드시고 이야기를 나누도록 하지요."

요기는 안으로 들어가 세 잔의 차를 들고 다시 나왔다. 잔은 끓는 찻물로 거의 넘칠 지경이었다. 학자는 곤혹스러 웠다.

"우유 좀 주시겠습니까?"

그러자 요기가 이렇게 대답했다.

"선생의 마음은 바로 이 잔과 같습니다. 너무 많은 것 들로 가득 차서 새로운 지혜를 받아들일 수 없는 지경에 이 르렀지요. 새로운 지혜를 얻으려면 먼저 자신의 마음을 비 우세요. 그러면 선생의 삶에 믿을 수 없을 정도의 큰 변화 가 일어날 것입니다."

그는 비로소 그 말의 진의를 깨달아 겸손한 자세로 요 기의 제자가 되었다. 그리고 인생을 꿰뚫어 볼 수 있는 지 혜를 터득해 나갔다.

이 이야기는 지혜를 얻기 위해서 겸손과 열정에 대해 어떠한 마음가짐을 가져야 하는지 잘 보여 준다. 지혜에는 경계가 없다. 인생을 살아가면서 우리는 다양한 방법을 통해 지혜를 얻게 되는데, 특히 부모와 교사, 자기 자신, 사회 등으로부터 습득하는 지식은 인생의 체험과 결합되어 지혜라는 보석으로 탈바꿈한다. 지혜를 얻고 싶다면 자신의 삶에 의문을 던지고 스스로 그 답을 찾는 노력을 지속하는 것뿐만 아니라, 생활 속에서 부딪치는 뜻밖의 곤경에 대해서도 지속적으로 사고하고 사유해야 한다. 폭풍우가 몰아치면 대지에 몸을 뉘였다가 다시 해가 나면 몸을 일으켜 그 찬란한 빛을 받아 빛날 줄 아는 풀잎의 지혜를 배워야만 한다.

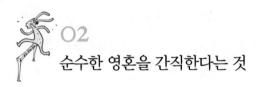

O2
순수한 영혼을 간직한다는 것

행복은 추구하는 데서 오는 것이 아니라 기쁨을 발견하는 데서 온다.

　　급변하는 자유 경쟁 사회에서 순수한 영혼을 지키고 살아간다는 것은 오히려 단점으로 치부되는 경향이 있다. 순수함은 곧 바보스러움이라고 오해하는 이들이 점점 많아지고, 사람들은 한 조각의 남김도 없이 순수를 상실하고 만다. 영혼이 순수할 때 비로소 세상과 자연의 경이에 눈뜰 수 있음에도 불구하고 말이다.

　　붉은 노을을 보고 평화를 느낄 수 있는 것은 영혼이 순수하기 때문이며, 힘차게 쏟아지는 폭포의 강직함에 심신이 상쾌해지는 것은 자연을 인지하는 눈이 있기 때문이다. 고적한 산길을 거닐며 나비의 고운 날갯짓과 새들의 찬란한 비상을 발견하는 섬세함을 지닐 때 우리는 탐욕에서 자유로울 수 있다. 음악과 미술, 무용, 문학 등을 감상할 수 있는 능력 또한 신이 우리에게 준 더없이 소중한 선물이다. 영혼의 순수성이 자라기 시작하면 우리는 놀라운 것을 발견하고 다양한 능력을 얻게 된다. 순수한 영혼은 인간과 자연, 동물 등에 숨어 있는 신비와 그 본성을 경이의 눈으로 꿰뚫는다. 또 소소한 일상 속에서도 새로움과 감동을 발견하게 하며 그러한 행위를 통해 우리는 많은 것을 배운다.

아인슈타인에 관한 다음의 일화는 순수한 영혼이란 어떤 것인지를 잘 보여 주는 사례이다.

미국 뉴욕의 과학 아카데미에서 아인슈타인에게 강연 요청을 해왔다. 이에 응한 아인슈타인은 교수용 숙소에 있는 스위트룸에 묶게 되었다. 아인슈타인의 스케줄을 관리하는 대학 교수의 집 옆에 있는 그 방은 꽤 훌륭했으며, 교수는 아인슈타인에게 다양한 편의를 제공했다.

어느 날, 교수의 아이가 행방불명되는 사건이 발생했다. 집 안을 샅샅이 뒤졌지만 아이는 흔적조차 찾을 수 없었다. 그런데 순간 교수와 그의 친구들은 아인슈타인의 스위트룸에서 들려오는 명랑한 웃음소리에 고개를 갸우뚱했다. 그들은 조심스럽게 아인슈타인의 방문을 노크했다. 문이 열리고 방 안의 광경을 본 교수와 친구들은 놀라지 않을 수 없었다. 아인슈타인은 아이와 함께 바닥에 엎드려 만화책을 보고 있었다. 게다가 이리저리 뒹굴며 소리 내어 웃기까지 했다. 아인슈타인은 어린아이처럼 교수의 아이와 놀고 있었던 것이다. 그 순간 아인슈타인에게 '세계적으로 유명한 과학자'라는 사실 따위는 아무런 의미도 없었다.

세대와 국가를 뛰어넘어 훌륭한 사람들에게서 찾을 수 있는 공통점은 삶을 통찰하는 지혜와 어린아이의 순수함을 동시에 지니고 있다는 것이다. 달라이 라마와 마하트마 간디, 스와미 비베카난다 등, 인류사를 밝게 하는 훌륭한 스승들은 모두 어린아이를 좋아했으며 또 그들과 함께 있을 때면 구분이 안 될 정도로 아이들과 뒤섞여 천진하게 웃고 놀았다고 한다.

타인의 장점을 인정하는 것은 영혼의 순수성이 발휘되는 일이며, 이러한 과정 속에서 우리의 인격은 한층 성숙한다. 대부분의 사람들은 타인의 부와 능력 앞에서 시기와 질투의 속내를 드러내기 마련이다. 이런 시기와 복수의 마음은 오히려 현대인들의 일상이 되어 버린 지 오래다. 타인의 성공은 우리의 어깨를 짓누르는 고통이며 짐이 되는 것이다. 하지만 타인의 능력과 성공을 인정하는 순간 우리의 어깨를 짓눌렀던 마음의 고통은 눈 녹듯 사라진다. 자유롭고 가벼운 마음은 일의 능률을 올리고, 그렇다 보면 어느 순간 목표에 도달해 있는 자신을 발견하게 된다.

한 친구가 나에게 차를 사라고 부추겼던 적이 있다. 자동차 유지와 수리 등에 자신이 없던 나는 친구의 제안이 그다지 달갑지 않았다. 차가 도로 한복판에서 멈춰 서버리는 악몽에 시달리기까지 한 나에게 친구는 계속해서 차를 사는 게 어떻겠느냐고 부추겼다. 결국 나는 차를 구입했고 친구를 시승에 초대했다. 그녀는 차 앞에 서서 공손히 인사를 하고는 차에 올라탔다. 나는 고개를 갸웃하며 차에게 인사까지 할 게 뭐 있느냐고 물었다. 그녀의 대답은 지금껏 내 가슴 한편에 남아 지워지지 않는다. 그녀의 대답은 이랬다.

"차에게 인사한 게 아니야. 너의 노력과 열성에 경의를 표한 거지. 신 중에 '카슈타Kashta'라는 신이 있는데, 끊임없는 열성과 노력을 뜻하는 신이야. 모든 사람들의 노력 속에서 카슈타를 발견할 수 있을 때 비로소 자신도 성공을 이룰 수 있거든. 성공할 수 있는 능력과 권리가 있다는 사실을 인정하고 받아들이는 사람만이 성공적인 인생을 살 수 있다고 생각해. 매사 시기하는 마음은 타인에게서 아무것도 배우지 못하게 하기 때문에 많은 사람들이 스스로 앞서나가지도, 목표를 성취하지도 못하거든."

순수한 영혼에는 저 너머 세계를 볼 수 있는 힘이 존재한다. 우리는 음악가들의 매혹적인 연주를 감상할 때면 그 경지에 도달하기 위해 그들이 얼마나 많은 연습을 했을지 생각하게 된다. 또 세계적 화가들의 그림을 감상할 때도 그들이 걸작을 잉태하기 위해 얼마나 많은 열정을 쏟아 부었을지 상상하게 된다. 모든 결과에는 거기에 이르기 위한 행동이 반드시 따르기 마련이다. 그리고 세상은 그 어떤 변화 속에서도 이런 확고한 원리를 바탕으로 돌아간다는 것만큼은 변하지 않는다. 호의와 사랑을 베풀면 세상은 그 이상의 호의와 사랑을 내게 되돌려준다. 이러한 원리를 확신하는 것, 그 믿음이 바로 순수한 영혼의 중심이다.

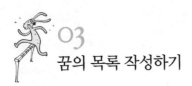

03
꿈의 목록 작성하기

인생에서 성공하기 위한 조건은, 일에 대해서 나날이
흥미를 새롭게 하고, 일에 끊임없이 마음을 쏟으며
하루하루를 무의미하게 지내지 않는 것이다.
– 윌리엄 라이언 펠푸스

···꿈을 이루기 위한 비법 중 하나는 꿈에 대해 구
체적으로 적어 보는 것이다.

자신이 원하는 것을 빠짐없이 기록하는 습관을 가지는
것만으로 이미 꿈의 반을 이룬 셈이다. 하다못해 영화나 전
시회를 보러 가는 등의 사소한 것에서부터 집을 마련하고
나무를 심고 식물을 기르고 빵이나 케이크를 굽고 가족을
위해 성찬을 차리고 트래킹이나 바다, 호수 등으로 여행을

떠나는 것과 같이 크고 작은 모든 일들을 기록해 보라.

이런 습관을 지속하다 보면 어느 순간 놀랍게도 꿈의 목록들이 하나둘씩 실현되어 있음을 확인하게 될 것이다. 모든 꿈을 실현할 때까지 어떠한 항목도 목록에서 삭제해서는 안 된다. 하나의 꿈을 성취했다면 사랑의 마음을 담아 그 목록에 빨간 펜으로 동그라미를 그린다.

자신의 꿈을 사랑하면 할수록 내면이 빛을 발한다. 또한 꿈은 삶을 다채롭게 하며 활력을 줄 뿐 아니라 놀라운 체험의 장으로 변화시키기까지 하니 말이다.

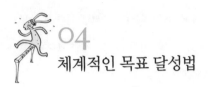

04
체계적인 목표 달성법

삶 속에서는 아무것도 두려워할 필요가 없다.
단지 이해하기만 하면 된다.

　···성공은 현대인들의 절대적 목표이며, 승자와
패자를 가름하는 잣대이기도 하다. 성공하는 사람들의 공
통점은 새로운 세계의 문을 열어 참신한 기회를 만든다는
것이다. 그들은 스스로 하나의 브랜드가 되어 수많은 가치
를 창출한다.

　성공한 사람들은 성공에 대해, '근면과 인격, 인내, 생
존력, 은총 등이 모여 이룩한 열매'라고 생각한다. 많은 사

람들이 야망을 품고 성공을 꿈꾸지만, 어떻게 목표를 세우고, 이루어 가야 하는지에 대해서는 막막하게 여길 뿐이다. 목표를 세우려면 자신의 장단점은 물론, 능력과 성향, 기호 등을 면밀히 파악해야 한다. 그리고 목표를 정했다면 그 목표를 이룰 수 있는 지름길이 있는지 찾아봐야 한다. 목표와 이를 성취하기 위한 수단은 상황에 따라 바뀔 수 있기 때문에 노력을 기울임과 동시에 유연성을 발휘할 줄 아는 재치와 순발력 또한 필요하다. 이때 주의할 점은, 야망을 좇아 앞만 보고 달리다 보면 간혹 불필요한 대상이나 행위에 괜한 시간과 정력을 낭비하는 경우가 생기기도 한다는 사실이다. 그러므로 어려서부터 시간을 균형 있고 올바르게 사용하는 습관을 들일 필요가 있다. 이러한 습관은 미래의 성공을 향한 지름길이 될 수 있다.

한 여행자가 뭄바이를 떠나 델리로 향하고 있었다. 여러 날을 걸은 여행자는 자신이 어디쯤에 와 있는지 궁금했지만 도통 가늠하기가 어려웠다. 그는 곁을 지나가는 두 명의 여행자에게 길을 물었다.

"이 길이 델리로 가는 게 맞습니까? 여기서 델리까지는 얼마를 더 가야 하죠?"

여행자들이 대답했다.

"당신이 택한 길로 간다면 델리까지 2년은 족히 걸릴 거요. 우리가 알려 주는 방향으로 가시오. 그러면 한 달 안에 델리에 도착할 수 있을 겁니다."

이 예화를 통해 우리는 목표를 향해 나아갈 때 지금 내가 제대로 가고 있는지 종종 점검해 봐야 한다는 사실을 깨닫게 된다. 목표를 정하고 그곳으로 향하는 최단의 길을 찾으려고 노력함으로써 정력과 시간의 낭비를 사전에 막을 수 있다. 그리고 한 길을 정하여 나아간다고 해도 수시로 점검을 해야 한다. 시대의 변화에 따라 적절한 수정과 보완이 필요하기 때문이다.

체계적으로 목표를 달성하려면 장·단기적인 목표를 목록으로 작성하는 것도 하나의 방법이 될 수 있다. 그렇게 만든 목록을 신중하게 검토해 성취가 불가능하거나 너무 터무니없다고 판단되는 것들은 목록에서 삭제하거나 뒤로 미뤄 놓는다. 목표에는 반드시 우선순위가 있어야 하며 순위를 정한 뒤에는 목표 성취를 위한 전략을 몇 개의 문장으로 압축한다. 그리고 목표에 도달하는 데 필요한 시간과 능력의 한계를 설정한다. 그런 뒤 차분하게 하나의 목표를 선정해 그 안으로 뛰어든다. 여러 개의 목표를 동시에 진행할 수도 있지만, 그렇게 하다 보면 각각의 목표에 세심한 노력을 기울이기가 어렵다. 결국 여러 마리의 토끼를 잡으려다 단 한 마리도 못 잡는 꼴이 될 수 있으니 한 번에 하나씩, 즉 하나의 목표를 설정해 전력투구하는 것이 바람직하다.

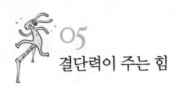

05
결단력이 주는 힘

자신감은 모든 답을 얻었을 때 찾아오는 것이 아니다.
자신감은 모든 의문으로 깨어 있을 때 찾아온다.

··· 인간은 문득문득 자신에게 삶과 죽음 중 한 가지를 택하라고 말한다. 게으르고 무기력하고 매사 무관심하게 생활한다면 내 삶은 이미 죽은 것과 다름없다. 진정한 삶에는 생명력이 흘러넘쳐 흥분과 열정과 꿈과 행복이 넘실거린다. 그러한 생명력은 자신만의 별에 가닿을 수 있도록 힘과 용기를 준다.

목표에 도달하고자 하는 결단력은 우리 모두의 내면에

신성이 깃들어 있음을 말해 준다. 굽힐 줄 모르는 결단력은 자신의 목표가 명확하고 어느 누구에 대한 적의도 없으며 순전한 마음일 때 우러나온다. 일상에서도 확고한 결단을 실천하는 사례들을 볼 수 있다.

늙고 병들고 가난하고 소외된 사람들이 해마다 히말라야에 있는 신을 경배하기 위해 강추위를 무릅쓰고 험한 산길을 오른다. 신실한 이슬람교 신도들은 험난한 여정을 마다하지 않고 하지Hajj까지 순례를 감행한다. 이러한 모습은 우리 사회 안에서도 마찬가지로 찾아볼 수 있다. 사회를 이루고 살아가는 많은 사람들이 매일매일 불가능할 것만 같은 목표를 이뤄 냄으로써 결단의 기적을 행한다. 강철같이 강한 결단력으로 경제적 나락에 빠져 더 이상 회생이 불가능할 것 같은 극빈자가 백만장자가 되기도 하고 무명 배우가 은막의 스타가 되기도 하며 아마추어 선수가 세계 신기록을 수립해 명성을 날리며 성공과 행복의 빛나는 귀감이 된다.

결단력은 내가 왜 세상에 태어나고, 왜 존재해야 하는지, 그 이유를 찾을 수 있는 영적인 힘이다. 지혜로운 사람들은, 인생의 목적을 찾으면 자신이 가야 할 목표가 뚜렷해져서 희열과 영광으로 빛나는 길을 갈 수 있게 된다고 말한다.

　　인생의 목적을 깨달아 매순간 열정적으로 그 길을 향해 나아가는 삶은 그 어느 것도, 그 누구도 앞길을 막을 수 없다.

06

방해 요인 단호하게 물리치기

같은 하늘 아래 산다고 해서 모두 같은 지평을 보는 것은 아니다.

··초상화를 전문으로 그리는 화가가 있었다. 그는 어느 날 한 사형수의 초상을 그리기 위해 감옥을 찾았다. 3일 후면 사형이 집행될 예정이었다. 난폭하고 아둔해 보이는 범인은 대뜸 화가에게 따져 물었다.

"왜 내 얼굴을 그리겠다는 겁니까?"

화가가 대답했다.

"지금까지 순수하고 예쁜 아이의 얼굴은 많이 그려 봤

습니다. 그런데 이제는 그 반대편에 있는 얼굴 표정을 그려 보고 싶소."

그러면서 화가는 사형수에게 티 없이 맑고 순수한 아이의 초상을 보여 주었다. 해맑게 빛나는 아이의 얼굴을 보자마자 사형수는 비탄에 젖더니 이내 두 손으로 얼굴을 쥐어짜며 통곡했다. 순간 어안이 벙벙해진 화가가 물었다.

"왜 이렇게 아름다운 그림을 보고 슬피 우는 거요?"

그러자 범인이 속내를 털어놓았다.

"이, 이 그림 속의 아이는 바로 접니다! 이랬던 제가 불량한 친구들과 어울려 악한 행동을 일삼다 보니 세상 사람들이 증오하는 그런 사람이 되고 만 거죠. 이젠 사형 집행만을 기다리는 비참한 신세가 됐단 말이오. 이렇게 맑고 순수했던 제가 말입니다."

성공과 행복을 찾기 위해 고군분투하는 과정에는 언제나 이를 방해하는 요소들이 따르기 마련이다. 그것은 인간 관계에서 비롯된 것일 수도 있고, 예상치 못했던 사건이나 사고에서 비롯된 것일 수도 있다. 이러한 것들은 내 의지와는 상관없이 매번 우리를 흔들어 놓는다. 그때마다 이런 유혹에 빠지지 않고 단호하게 냉정하게 물리치려면 늘 깨어 있는 의식이 필요하다. 마약이나 난잡한 성생활, 음주, 흡연, 상스러운 언어, 폭력 등을 부추기는 '친구'들과 가까이 하는 일은 스스로의 삶을 어둠의 심연으로 몰아넣는다. 난잡한 생활에 길들여지면 건강한 생활을 되찾는 데 여러 해를 소모해야 한다.

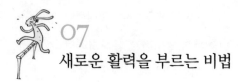

07
새로운 활력을 부르는 비법

너무 사소해서 또는 너무 하찮아서
알 필요가 없는 것은 존재하지 않는다.
또한 너무 커서 도전할 수 없는 것도 존재하지 않는다.

늘 똑같은 일상이 반복되기 쉬운 인생을 활기차게 살아가기 위해서는 삶에 새로운 활력을 불어넣을 수 있는 무엇이 필요하다. 그러한 삶을 살아가기 위한 지혜에 대해 항목별로 소개해 보도록 하겠다.

1. 매년 새로운 기술을 하나씩 익혀라.

   그 기술이 대단한지 아닌지는 중요하지 않다. 하나

의 기술을 터득함으로써 자신감을 고취시키는 데
그 목적이 있기 때문이다. 예를 들어, 외국어를 익
히거나, 유리 페인팅과 같은 공예술을 배우거나 스
페셜 요리, 컴퓨터 게임, 웅변, 원예 등을 배워 보
라. 배우는 과정에서 같은 생각과 의식을 가진 사람
들도 만날 수도 있으니 일석이조가 아닐 수 없다.
긍정적인 차원의 경쟁의식으로 서로의 관심사를 나
누다 보면 삶의 활력을 찾을 수 있다. 이런 훌륭한
기회를 얻을 수 있는 시간을 절대 그냥 흘려보내지
말라.

2. 나의 삶에 활력을 불어넣어 줄 수 있는 친구를 사귀
어라. 항상 마음의 문을 열어, 체육관에서 운동할
때나 공원에서 산책할 때, 출장이나 여행을 떠날 때
새로운 스타일과 시각을 갖고 있는 사람들과 만날
수 있는 기회를 만드는 것이다. 우월감이나 열등감
은 저버리고 가능한 한 많은 사람들과의 일 대 일
소통을 통해 가능한 한 풍부한 지식을 습득한다. 내

세울 게 없는 사람처럼 보인다 하더라도 분명 배울 점은 있다. 밀림에 사는 원주민들도 비가 언제 내릴지, 동물이 어디로 이동하는지 예측하는 초자연적 지식이 있잖은가.

3. 적어도 3년마다 자신의 삶을 면밀히 점검하고 개선하라. 자신이 적어 놓은 꿈의 목록은 현재 내 위치를 증명하는 소중한 기록이다. 이러한 점검을 통해 그때그때의 상황과 현실에 맞게 수정 보완하여 꿈의 실현 가능성을 높이도록 한다.

4. 자신이 갖고 있는 기술을 총동원해 일에 다양성을 부여하라. 다양한 일은 인생의 양념 역할을 한다. 재미를 위한 일, 수익을 위한 일, 선을 행하는 일 등과 같은 다양한 일은 힘과 활력을 주기 때문이다. 하나의 활동으로 한 가지 이상의 목표를 성취하도록 노력하라. 예를 들어, 정원을 손질하면서 꽃과 그 색채를 유심히 살펴 서로 어떻게 다른지 감상해

본다. 그러다 보면 어느 순간 자신도 모르게 원예에 관심이 생기고 차츰 조예가 깊어져 생활이 더욱 풍요로워진다.

5. 새로운 경험에 도전하고 인생에 유해한 장벽을 무너뜨려 인생의 가능성을 넓혀라. 자신을 옭죄는 맹목적 관습과 관례의 굴레를 벗어던지고 스스로의 존엄성을 지킨다. 또 자신이나 타인의 체험을 통해 인생의 시야를 넓히고 다양한 지식을 습득해 정신을 풍요롭게 한다.

6. 가능한 한 여행을 많이 하라. 새로운 장소를 접하고 다양한 사람들을 만나면서 새로운 문화에 눈을 뜨면 유익한 세계관을 체험할 수 있다. 출장을 통해서든, 여행을 통해서든 최대한 눈과 귀를 열어 다양한 정보를 입수하고 인생의 아름다운 추억을 만들라.

7. 취미를 만들라. 다양한 취미 활동을 통해 기술을 익

히고 또 그 분야의 전문가들과 교류를 나눌 수 있다. 혼자 있는 시간에도 취미나 여가를 즐겨라. 혼자서도 자신만의 생활을 누릴 줄 아는 것이 진정한 즐거움이다.

8. 살아가는 기쁨을 위해 규칙적으로 명상하라. 침묵과 고독을 즐기는 법을 배워라. 침묵 속에서 고독을 즐기다 보면 성공과 행복의 항로를 발견하게 된다.

08
열정적인 삶을 위한 선택

지식만으로는 부족하다.
지식을 생활 속에서 적용할 수 있어야 한다.
의지만으로는 부족하다.
의지를 생활 속에서 실천할 수 있어야 한다.

세상에는 실천하는 자와 방관하는 자, 바로 이 두 종류의 사람이 있다.

몸소 실천하는 사람은 사회를 주도하고 새로운 유행을 창출한다. 반면 방관자는 자신이 하는 일에서조차 아무런 흥미를 느끼지 못하며 고단한 직장 생활을 가까스로 이어 간다. 실천자의 경우 돈을 벌기 위해서뿐만 아니라 자신의 삶에 열정과 흥취를 불어넣기 위해 일한다. 하지만 방관자는 풍요와 경이로 가득한 사람들을 부러운 시선으로 구경만 할 뿐이다.

어느 분야에서건 은퇴할 때까지 일밖에 모르는 사람을 볼 수 있다. 이런 사람들에게 노년이 안겨 주는 건 허망한 삶뿐이다. 반면 항상 혁신하려는 자세로 인력 관리의 기술을 개발하고 작업에 창의성을 불어넣는 사람들이 있는데, 그들은 동료들보다 늘 한 발 앞선 삶을 살아간다.

일상생활에서도 이런 경우는 쉽게 볼 수 있다. 이미 실력이 탁월함에도 불구하고 끊임없는 열정으로 실력을 더욱 향상시키고 새로운 분야를 개척하는 변호사가 있는가 하면, 일상적인 업무만을 반복하다가 퇴근하자마자 소파에 쓰러지는 변호사들도 있다. 그러나 뛰어난 변호사는 법률의 모호한 부분을 파헤치며 담당 사건의 진실을 명명백백히 밝혀낸다. 대부분의 건축가들은 상자 같은 집을 지어 돈을 버는 데만 급급한 반면, 소수의 건축가들은 건물을 예술 작품으로 여겨 기념비적인 건축물을 창조하기 위해 모든 열정을 쏟아 붓는다. 그리고 극소수의 건축가들은 좀 더 많은 사람들이 감상할 수 있도록 전통 건축물과 유적지를 복원하는 데 최선을 다하기도 한다. 또 그저 사건을 취재하고 기사를 쓰며 여가 시간을 즐기는 일에 안주하는 저널리스트가 있는가 하면, 사회의 정의와 진보에 눈을 돌려 국가 발전과 사회 평등에 이바지하는 저널리스트도 있다.

많은 사람들이 NGO와 환경 문제, 노인 권익, 여성 복지, 동물 보호, 산림 보전, 수자원 보호, 스포츠, 종교 등의 각 분야에서 열정적으로 활동한다. 이런 활동들은 인생에 귀중한 자양분이 된다.

돈 버는 데만 급급하기보다는 좀 더 뜻있는 일이 무엇인지 관심 있는 분야를 택해 열정을 펼쳐 보라. 한 차원 높은 성공과 행복의 삶을 영위하게 될 것이다.

09
24시간을 48시간으로 쓰는 법

죽을 때 '이렇게 살았으면 좋았을 텐데' 하는 삶을 지금 살라.

•• 성공한 사람들은 다른 이들의 중요한 부탁이나 제의에 '시간이 없어서' 혹은 '피곤해서'라는 변명을 하며 거절하지 않는다. 그들은 반드시 해야 하는 일과 자신이 꼭 하고 싶은 일에 어떻게든 시간을 할애한다. 직장과 가정에서 성공적인 삶을 영위하는 여성들이 어떻게 시간 관리를 하는지 살펴보라.

저명한 음악가와 학자, 연구원 등은 이른 새벽부터 새

로운 지식을 습득하는 일에 몰두한다. 그들은 빠듯한 일정에도 불구하고 하루 종일 새벽이슬처럼 싱그러운 모습으로 작업에 임한다.

지치지 않고 일할 수 있는 나만의 방법을 스스로 터득할 필요가 있다. 그래야만 일이 뜻대로 풀리지 않을 때 생기는 초조와 불안을 극복하면서 쉽게 지치지 않는다. 피로나 피곤은 과중한 작업량에서 오는 것이 아니라 낙담과 좌절, 분노 등 부정적인 마음에서 비롯된다. 다시 말해 건강을 해치는 원인은 일의 양이 아니라 일을 대하는 태도에 있다는 것이다. 매일 하는 일을 한번쯤 다른 방식으로 시도해보라. 집중력이 흐트러지거나 잡념이 생기면 하던 일을 멈추고 아예 다른 쪽의 것들을 생각하는 것이다. 그러고 난 뒤 경직되었던 머릿속이 어느 정도 풀어지면 새로운 마음으로 다시 일을 시작한다.

일하는 동안 물을 자주 마시는 것도 심신을 다스리는 방법 중 하나이며, 곁에 꽃이나 화분을 놓아둠으로써 신선한 분위기를 연출하는 것도 좋다. 하는 일이 힘겹고 지겹지 않도록 가능하면 좋아하는 일을 우선적으로 선택해 처리하는 것도 또 다른 방법이다. 하는 일이 단조롭거나 지루하다는 생각이 드는 순간 심신은 즉각적으로 피곤하고 괴로워지게 마련이다.

한 친구가 이런 만트라 '마음을 보호한다'는 뜻으로 수행시 잡념을 없애고 수행자의 주의력과 집중력을 높이기 위한 방편으로 사용되었던 말를 가르쳐 준 적이 있다.

"한 번에 한 계단만을 보라."

일이란 하나하나 정리해 가며 단계별로 성취를 이루는 법이다. 자기 앞에 한없이 늘어선 일들을 바라보며 한숨짓는 일 따위는 집어치우기 바란다. 시작도 하기 전에 지쳐버리고 말 것이다.

성공적으로 일을 마친 뒤의 그 뿌듯하고 홀가분한 상황을 상상해 보라. 일을 휴식으로 연결시키는 습관을 몸에 붙이면 같은 일을 해도 좀 더 빨리, 좀 더 즐겁게 마칠 수 있다.

하고 싶은 일, 해야 할 일의 목록을 노트에 작성한 뒤,

하나씩 일을 끝낼 때마다 체크해 보자. 하나하나 목록을 체크해 나갈 때마다 심신은 놀라울 정도로 활력을 되찾게 된다. 또한 일의 단조로움이나 스트레스를 줄이기 위해서는 짧은 시간이라도 사이사이 휴식을 취하는 것이 좋다. 단 몇 분이라도 의자에 편하게 기대거나 바닥에 누워 음악을 듣거나 동료와 대화를 나누다 보면 어느새 몸에 새로운 기운이 감돌며 콧노래가 나올 것이다.

의학자들의 말을 빌리면, 아이들은 어떤 일이나 행위도 지루하게 생각하지 않기 때문에 항상 에너지가 넘쳐흐른다고 한다. 가만히 생각해 보면 정말 아이들은 과거나 미래에 연연하지 않고 현재 눈앞에 주어진 일에 집중한다는 것을 확인할 수 있다. 호기심 가득한 눈으로 발랄하고 순수하게 삶을 대할 뿐이다. 그리고 아이들은 끊임없이 탐험한다. 활력을 유지하고 싶다면 아이들의 이러한 행동 양식을 그대로 따르면 된다. '피곤'이라는 말을 쓰면 쓸수록 더욱 피곤해지고, '활력'이란 말을 쓰면 쓸수록 더 많은 활력이 생긴다는 지극히 평범한 진리를 우리는 종종 잊고 지낸다. 그러나 이는 반드시 지켜야 할 지침이다.

성공과 행복으로 가는 여정에서 24시간을 48시간처럼 쓰려면 심신의 건강이 무엇보다 우선이다.

하고 싶은 일이 있다면 주저하지 말고 당장 시간을 내라. 납부해야 할 돈이 있다면 즉시 납부하고 일상의 소소한 일들은 미리미리 끝내는 습관을 가져라. 파일은 가지런히 정리하고 마감 시간을 넘기지 않도록 하며 부하 직원에게 칭찬과 격려를 아끼지 말고 업무 중에 쓸데없는 행동을 하지 않음으로써 시간을 절약하라. 일과 여가를 명확히 구분하고 정리하라. 자투리 시간을 모아 평소 하고 싶었던 일을 새롭게 시작하라. 시간은 그 어떤 재물과도 바꿀 수 없는 귀중한 보물이다. 푼돈을 모아 저축을 하듯, 자투리 시간을 모아 필요할 때 생산적인 일에 쓸 수 있도록 하라. 정신과 정력을 적절히 배분해 여러 일을 동시에 할 수 있는 법을 터득하라. 긴장은 멀티태스킹에 방해가 된다. 긴장은 즉시 풀어 버려라. 참고 견디는 것만이 능사인 시대는 지났다. 견딜 수 없이 고통스럽다면 박차고 일어나 훌훌 털어 버려라. 그리고 다시 시작하라.

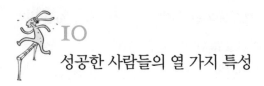

IO
성공한 사람들의 열 가지 특성

성공은 내가 움직이는 만큼 따라온다.

···성공과 행복의 문 안으로 들어가기 위해서 반드시 나만의 것으로 만들어야 하는 것들이 있다. 성공한 사람들은 배우고 익히기를 멈추지 않는다. 또 개인적인 관계를 돈독히 하고 그들이 베푸는 선의의 충고를 기꺼이 받아들일 줄 알며 세상에 대해 호의적이라는 공통점 또한 지닌다. 이런 특성은 부모에게서 유전적으로 물려받은 것이 아니라 스스로 노력하고 터득한 결과라고 할 수 있다. 다음의

열 가지 항목이 바로 그 특성의 예라고 하겠다.

1. 근면하게 일한다. 무슨 일을 하든지 간에 '근면'은 가장 기본이 된다.

2. 넘치는 호기심으로 끊임없이 질문을 던진다. 지식을 탐구하면서 세상에 대한 이해를 새롭게 하는 데 주저하지 않는다. 또한 출처와 크고 작음을 가리지 않고 자신이 얻은 지식을 실천에 옮겨 삶을 재창조한다. 성공은 지식을 얻는 것에서 그치지 않고 얻은 지식을 갈고닦아 현실에 적용해 삶의 질을 향상시킬 때 찾아온다.

3. 무엇보다 '사람을 우선시'한다. 상대를 쉽게 친구로 만들며 언제든 친구에게 자신을 내준다. 많은 사람들과 사귀고 그들을 따뜻한 마음으로 기억한다. 상대의 말을 진지하게 경청하며, 연령이나 지역, 학력, 재산 등의 경계를 초월한다.

4. 꾸준하게 자신만의 아우라를 만들어 간다. 금방 피었다가 이내 시드는 꽃이 되기를 바라지 않는다. 생존력이 강하고 하나의 문제를 끝까지 파고들어 해결해 내고야 만다. 졸부처럼 거만하지 않고 성공의 계단을 하나하나 밟는다. 또한 경영이나 리더십, 인력 관리의 능력을 기르는 데도 게을리 하지 않는다. 사람들이 신경 쓰지 않는 사소한 것에도 관심을 기울이며 실패를 하더라도 좌절하지 않으며 절대로 물러서지 않는다.

5. 현실에 안주하지 않는다. 일단 어떤 일에 뛰어들면 외연을 확장해 전보다 높은 수준의 목표를 달성한다. 전통과 관습, 고정관념, 규정과 규범 등에 의문을 제기하고 그 틈새를 도전의 기회로 삼는다. 새로운 사상에 대해 명상하고 자신의 것으로 흡수하며 자기 발전과 문제 해결, 신속한 일 처리를 위해 항상 창조적인 노력을 기울인다.

6. 실패에 대한 책임을 대범하게 받아들인다. 또한 격한 감정으로 상대에게 책임을 전가하지 않으며 타인에게 의존하지 않고 확신으로 자신을 발전시켜 앞으로 나아간다.

7. 스트레스를 받음과 동시에 이완하는 법을 터득한다. 심각한 상황에서도 유머를 던지거나 직장이나 인간 관계 속에서 인내심을 발휘하는 여유를 지닌다. 또 엄청난 압력 하에서도 냉철한 판단력을 잃지 않으며 시련이 찾아와도 상황을 꿰뚫는 혜안이 있다.

8. 언제나 '바로 지금'이 기회라고 생각하므로 열정과 목적의식으로 현재를 지배한다. 상대가 열심히 일하기를 바람과 동시에 자신의 과업 또한 열정적으로 처리한다. 상대의 눈을 정면으로 응시하며 결코 서두르지 않는다. 열정적으로 놀고 열정적으로 일하며 어떤 상황에 처해도 재빨리 적응한다.

9. 트렌드가 바뀌면 기회의 현장에 제일 먼저 달려간다. 세상을 향해 두 귀를 쫑긋 세우고, 다가올 미래를 감지한다. 시야를 넓혀 미래를 예지하는 훈련을 게을리 하지 않는다.

10. 즉각적으로 반응한다. 지출에 관한 결정을 하고 투자 기회를 잡고 영업 책임을 지는 데도 즉각적이다. 메일을 받으면 신속하게 답장하며 중요한 전화 문의에는 곧바로 답신한다. 반응은 항상 적극적이고 생산적이며 과학 기술의 변화나 재무 조정 분야에서도 신속하게 대처한다.

II
정보화 시대 따라잡기

인생에서 중요한 것은 타인을 앞서 가는 일이 아니라
자신을 앞서 가는 일이다. 자신의 기록을 경신하고 어제보다
나은 오늘을 창조하며 이전보다 뜨거운 열정으로 일하는 것이다.

⋯⋯매일 아침 신문과 잡지, 전단지 등이 가정으로
배달된다. 여행하거나 일을 할 때에도 라디오는 끊임없이
우리에게 정보와 오락을 제공한다. 텔레비전과 인터넷은
세계 곳곳에서 일어나는 사건과 뉴스를 동시간대에 전달
한다. 우리는 범람하는 정보의 물결에 휩싸여 살고 있는 것
이다.

이러한 정보화 시대에 국가와 사회, 도시, 이웃 등과의

정보 교환에 뒤쳐져서는 살아가기가 쉽지 않다. 그러므로 세계를 변화시키는 사건과 그에 대한 정보를 건강한 호기심으로 취해야만 한다. 이렇게 습득한 정보를 바탕으로 일정 수준의 교양을 유지하고 타인과 정보를 교환하며 작업의 향상을 꾀한다. 또한 좋은 책을 읽고 좋은 영화를 감상하고 우수한 프로그램을 시청하면 세상을 좀 더 깊고 넓게 이해할 수 있다. 이는 직장이나 취미, 여가 활동, 학교, 가정 등에서 보다 많은 기회를 창출해 다양하고 풍요로운 생활을 영위하도록 돕는다. 요리와 데커레이션, 스타일, 패션, 여행, 오락 등과 같은 다양한 분야의 고급 정보를 습득할 때 우리의 생활 또한 풍요롭고 다채로워질 수 있다.

이런 정보 습득을 통해 사회의 명망가나 지식인, 미술과 음악, 무용, 문화계의 인사들을 접할 수 있는 기회를 가질 수도 있다. 무엇보다 중요한 것은 세상의 정보를 끊임없이 습득하다 보면 몰라보게 넓어진 자신의 인생을 발견하게 될 것이다.

씨앗을 꽃피우는 대지의 힘을 배워라

사람은 누가 자기를 알아줄 때, 자기 자신의 가치와 재능을 발견한다.

타인의 창조성을 고취시킬 수 있는 능력을 가지고 있다는 것은 스승이 지닌 위대한 힘이다. 스승은 제자들이 높은 이상을 성취해 낼 수 있도록 이를 격려하며 자유로운 환경을 조성해 준다. 그래서 사람들은 여느 때와 달리 스승 아래서만큼은 자신의 잠재 능력을 맘껏 펼치게 된다.

《바가바드기타》는 대지의 본성에 구현되어 있는 '마르다바mardava'의 인품을 가르친다. 대지는 부드럽고 촉촉

한 토양으로 씨앗이 꽃필 수 있는 환경을 조성한다. 마르다바의 인품은 아이가 자신의 능력을 맘껏 발휘할 수 있도록 온갖 정성을 쏟는 어머니의 따뜻한 마음에서도 찾아볼 수 있다. 대지와 어머니처럼 언행과 생활을 닦아 나를 둘러싸고 있는 많은 사람들이 스스로의 잠재 능력을 꽃피울 수 있도록 영감을 불어넣어 줄 수 있어야 한다. 이러한 나누고 베푸는 삶은 자신 스스로를 풍요롭게 하며 그 한계는 무한해서 성공과 행복으로 가는 길을 더욱 확고하게 다질 수 있다.

창조성을 발휘하고 자부심을 갖는 일은 특정 계층만의 전유물이 아니다. 이는 모든 이들에게 주어진 당연한 권리이다. 이런 진리를 생활 속에서 실행하면 사람들을 끌어당기는 자력이 생긴다. 많은 이들과 함께하는 삶 자체를 행복이라고 여기는 사람에게 성공과 행복의 길은 더욱 활짝 열려 있는 법이다.

13 돌이킬 수 없다면 과감하게 떨쳐 버려라

관계 형성은 서로의 목적을 만족시킨다는 전제를 기반으로 한다.

···· 인생의 길을 걷다 보면 종종 어려운 결단을 내려야 하는 갈림길에 서게 된다. 이때 우리는 종종 아무런 대가 없이 받은 것을 포기해야 할 때가 있다. 안락한 것을 떠나야 할 때도 있고 '내 것'이라고 생각되는 것을 넘겨주어야 할 때도 있다.

이런 일이 일어날 때는 차분하게 현실을 직시하면서 자신을 성찰하는 시간이 필요하다. 고마움을 표현하지 않아 상대와의 관계가 어색해지지는 않았는지, 타인으로부터 봉사나 사랑, 정성 등을 받고도 무심하지는 않았는지, 지금 생활의 중심이었던 직업이나 가정, 장소를 떠나야 하는 상황에 있지는 않은지 등등, 자신을 되새겨 보는 것이다. 미래에 똑같은 실수를 범하고 싶지 않다면 왜 이런 일이 발생했는지 곰곰이 살펴볼 필요가 있다.

또한 포기해야 할 것들에 미련을 버리지 못하고 괴로워하는 일 따윈 득이 될 일이 전혀 없다. 자신의 행동이 낳은 결과이므로 있는 그대로 받아들이는 게 옳다. 때로는 명명 백백 '내 것'이 분명한데도 포기해야 하는 경우도 있다. 하지만 시간이 지나면 사물의 주인은 바뀌게 마련이다. 때에 따라 외부의 물리적 힘에 의해, 혹은 자신도 모르는 사이에 정당한 소유권을 빼앗기는 경우도 있다. 속았다고 판단될 때는 끝까지 권리를 되찾기 위해 싸우지만, 설사 권리를 되찾지 못할 경우에는 최선을 다했으므로 더 이상의 미련을 남기지 말고 과감하게 떠나라. 대신 쓰라린 경험을 교훈 삼아 더 이상의 시행착오를 겪지 않도록 유의하라.

소중한 관계나 재산, 자리 등을 포기하기란 쉽지 않다. 하지만 상실 이후 심리적이나 정신적 쓰라림에서 헤어 나오지 못하면 인생은 끝없는 지옥일 뿐이다. 그러므로 이미 돌이킬 수 없는 일은 과감하게 떨쳐 버리고 눈앞의 현실을 직시하는 것이 바람직하다.

14
마음의 성소

··· 순수함을 지닌 사람들의 얼굴을 가만히 들여다
보라. 그들의 피부는 밝게 빛나고 얼굴에는 미소가 어려 있
다. 그런 사람들을 만나면 그 기운이 전해져 에너지를 활성
화시켜 나의 마음까지도 밝아진다. 영화 〈싯다르타〉를 보
면 이 순수를 닦는 아름다운 장면이 있다. 젊은 시절 아리
따운 후궁과 사랑을 나누었던 승려가 죽음을 앞둔 여인을
찾아온다. 승려의 광채 어린 얼굴을 보고 여인은 삶의 고통

속에서 어떻게 그런 순수하고 평정한 상태를 유지할 수 있는지 묻는다. 승려는 이렇게 대답한다.

"마음을 열심히 닦으면 내면에서 아름다운 성소가 나타나지요. 세상일에 지칠 때면 잠시 그 성소로 들어가 존재의 몸을 깨끗이 한 뒤 다시 세상으로 나와 일을 하는 겁니다."

순수는 존재의 중심에 아름다운 성소를 만들며 이 성소는 활력을 재창조하고 스스로를 재생산하도록 마법을 불러일으킨다. 내면의 성소를 발견하면 어떠한 위기에 처해도 순수함을 유지할 수 있다.

Part 2_편견

뜨거운 태양, 그 빛과 그림자

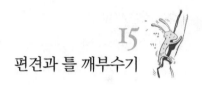

15

편견과 틀 깨부수기

닫힌 마음은 양식(良識)의 최대 적이다.

··• 종종 가족이나 친구가 자기 비하적인 말을 하는 걸 본 경험이 있을 것이다. 어떤 사람들은 자신의 인생을 변화시킬 만한 제안을 받고서는 어리석게도 '나는 너무 늙었어' 혹은 '나는 늘 바빠서 시간이 없어' 또는 '나는 너무 게을러'라는 식의 말을 해버려 소중한 기회를 놓쳐 버리고 만다. 특히 여성이나 노인을 상대로 '당신은 무엇은 할 수 있지만 무엇은 절대 할 수 없어'라고 일축해 버리는 편견을

갖는 경우가 많다.

사람들은 사회와 관습, 전통 등이 그어 놓은 경계선을 넘어서는 것을 두려워한 나머지 행복해질 수 있는 기회를 스스로 포기하고 만다. 나이 든 사람들은 현대 과학 기술이 발명한 첨단 문명을 받아들이기를 꺼린다. 젊은이들에게는 간편하고 이로운 기기들이 그들에게는 대단히 복잡하고 두려운 존재가 되어 버리는 것이다. 장애로 고생하는 사람들은 자신감을 상실하거나 사람들의 시선을 두려워한 나머지 사회 활동을 꺼린다. 이러한 행위들은 마음의 상처로 이어진다.

사람들은 성장기에 겪는 두려움과 자신에 대한 그릇된 인식으로 불필요한 희생을 감내한다. 성장기에 받은 영향, 직장, 사회가 부여한 지위, 자신이 선택한 일의 종류, 재정 상태 등은 한 사람의 기본적인 성향을 형성한다. 바로 이러한 '성향'이 평생 동안 한 개인을 틀 속에 가둔다. 또 이러한 사실을 잘 알고 있음에도 불구하고 사람들은 쉽사리 그 틀을 벗어던지려 하지 않는다. 새로운 삶을 모색하는 것 자체가 두렵기 때문이다.

사회와 이웃이 갖고 있는 나에 대한 편견 혹은 고정관념 등은 모두 자신을 구속하는 존재라는 사실을 깨달아야 한다. 모험을 두려워하지 않고 당당하게 살아나갈 수 있는 길은 편견에서 벗어나 변화의 바람을 한껏 받아들이는 것이다. 스스로 의지를 갖고 있다면 자신의 능력을 향상시켜 줄 스승은 도처에 널려 있다. 구하지 않는 자는 얻지도 못하는 법이다. 물론 혼자서도 자신의 환경과 사고를 변화시킬 수 있겠지만, 전문가로부터 도움을 받는 것이 더 바람직할 수 있다.

지금 내 삶을 가로막고 있는 장애물은 무엇인지 냉철하게 꿰뚫어 보라. 장애물을 뛰어넘기 위해서는 더 큰 도약이 필요하다는 사실을 명심하고 이를 극복하라. 환경이나 심리적인 틀을 극복하면 미래는 상상 그 이상의 변화를 불러와 자기 발견과 함께 흥미로운 삶의 여행을 떠나게 해줄 테니 말이다.

16
모든 사람에게 인정받으려 애쓰지 마라

실패자는 실수를 해놓고서도 아무것도 배우지 못하는 사람을 말한다.

··· '이런 일을 하면 가족이 싫어하겠지?' 또는 '여자 친구 혹은 남자 친구가 이런 상황을 과연 받아들일까?' 하는 걱정을 하는 사람들을 간혹 만나게 된다. 물론 사랑하는 이로부터 인정받는다는 것은 대단히 뿌듯한 일이지만 가족과 사회, 이성異性, 상사, 직장 동료 등, 주위에 있는 모든 이들로부터 인정을 받으려고 하는 일은 자칫 무모해 보인다.

자신의 목표를 타인이 어떻게 생각할까 걱정하거나, 목표를 성취하기 위한 수단이나 방법 등을 지나치게 걱정하면 인생의 목적 자체가 흔들릴 수밖에 없다. 타인에게 인정받고자 하는 마음이 지나치게 앞서다 보면 피해 의식에 시달리게 된다. 또한 거울을 들여다볼 때마다 타인의 기대에 부응하지 못해 비난받거나 모욕받는 자신의 모습을 발견하게 된다.

세상 어떤 사람도 타인의 기대에 100퍼센트 부응하기란 불가능하다. 그렇기 때문에 타인이 나의 인성을 결정짓도록 방관해서는 안 된다. 타인이 자신의 목표를 대신 이뤄 주는 것도, 내 인생을 책임지거나 대신 살아 주는 것도 아니니 말이다. 어떤 사람의 인정과 지원이 나의 성공과 행복을 위해 얼마만큼 필요한 것인지 분별할 수 있는 능력을 키워야 한다. 나의 성공과 행복에 아무런 영향도 주지 않는 사람의 인정을 받기 위해 시간을 낭비할 필요는 없다. 인간은 완벽에 가까워지기 위해 노력할 뿐 결코 완벽할 수는 없다.

대개 사람들은 타인의 시선을 지나치게 의식하는 경향

이 있다. 그렇더라도 경박한 비판에 솔깃해 자신의 스타일이나 일 자체를 바꾸려 하지 마라. 사랑하는 사람과 친구, 뜻이 잘 맞는 동료들과 손을 잡고 자신이 해야 할 일에 최선을 다하라. 이것이야말로 삶의 참다운 사트상satsang, 스승의 법문을 듣는 '진리의 모임'이다. 타인을 비판하는 데 시간을 낭비하는 사람보다는 지식과 참여와 발전에 관심을 기울이는 사람과 가까이 하라. 타인의 인정에 집착하면 할수록 상대는 나를 지배하려 든다.

《바가바드기타》의 6장 5절에 나오는 시구를 마음에 새겨 두기 바란다.

그대는 스스로 노력하여 보다 높은 경지로 올라갈 수 있다.
그대의 행동으로 자신을 떨어뜨리는 일을 하지 마라.
그대는 스스로에게 더없이 좋은 벗이 될 수도 있고 더없이 나쁜 적이 될 수도 있다.

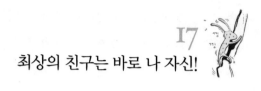

최상의 친구는 바로 나 자신!

실패했다고 해서 스스로를 괴롭히지 말라.
한 가지 실패에 자꾸 괴로워하는 것은
그다음 일도 실패로 이끄는 원인이 된다.
한 번의 실패는 그것으로 막을 내리는 것이 좋다.
– B. 러셀

··· 스스로 자신의 단점 때문에 목표 달성이 불가능하다고 단정 지어 버리는 사람들이 있다. 이러한 생각들은 몸과 마음을 강하게 지배해 단점을 극복하려는 마음을 차단한다. 한 용감한 사람의 이야기를 들어 보면 좀 더 명확히 이해할 수 있다.

40대의 쿠마르는 다국적 기업의 고위 임원으로 엄청난 연봉을 받았다. 그런데 어느 날 심각한 심장병이 발병했다.

전문의들은 심장을 절개하는 수밖에 달리 도리가 없다고 판단했다. 쿠마르는 병원에 입원하기 전에 자신의 부동산과 금전 문제에 관한 자료들을 조목조목 기록했다. 이렇게 자신의 재산에 관한 내용을 세밀히 기술한 것들을 한 권의 책으로 엮어 아내에게 주었다. 그러고는 아내에게 그 책의 내용을 설명해 주며 재산 관리를 하도록 했다.

다행스럽게도 수술 결과가 좋아 쿠마르는 건강한 몸으로 퇴원하게 되었다. 쿠마르는 일반인들이 활용할 수 있도록, 자신의 재산 관리 책을 좀 더 체계적으로 정리해 출간하기에 이른다. 친구들이 찾아와 자문을 구할 때면 쿠마르는 성공을 위한 그의 만트라를 들려주었다.

"자네 자신의 단점을 알고 있다면 이를 철저히 인식해 극복할 수 있는 길을 찾아보게. 자신의 단점에 굴복하는 것은 곧 패배를 자인하는 것이거든."

걸어서 자신의 목적지에 도달한 사람의 이야기도 있다.

사내는 길을 걷다 꺾어지는 부분에 이르게 되었는데, 그 앞에는 커다란 바위가 길을 완전히 가로막고 있었다. 바위를 밀쳐 보려고 애를 써보았지만 허사였다. 사내는 주저앉아 가슴을 치며 울었다. 그러자 신이 나타나 사연을 물었다. 커다란 바위가 가로막고 있어서 더 이상 길을 갈 수 없게 되었다고 대답하자 신이 말했다.

"너는 아주 힘이 세다. 바위를 힘껏 밀어 보거라. 반드시 길이 열릴 것이다."

사내는 신의 말에 수긍하며 더 세게, 있는 힘껏 바위를 밀었다. 손에서 피가 흐를 정도로 밀어 보았지만 바위는 끄떡도 하지 않았다. 사내는 다시 주저앉아 울었다. 그러자 다시 신이 나타나 우는 이유를 물었다. 두 손을 든 남자가 대답했다.

"도저히 바위를 밀어낼 수가 없습니다. 저 혼자서는 이 문제를 해결할 수 없다고요."

그 말을 들은 신이 웃으며 말했다.

"너는 최선을 다했다. 그래서 더욱 강해졌다. 바위는 거기 놔둬라. 그리고 다른 길을 만들어라. 저기 강물을 보거라. 강은 산이 자신을 가로막고 있다고 멈춰 서거나 주저앉지 않는다. 강은 산을 우회해 대양을 향해 나아간다. 강이 주는 삶의 교훈을 배워라."

사내는 신의 충고를 듣고 새로운 가능성에 눈을 떴다. 바위를 우회해 새로운 길을 개척하고 드디어 목적지에 도달했다.

누구나 살아가면서 한두 번쯤 이런 상황을 맞닥뜨리게 된다. 살다 보면 계획을 방해하는 사람을 만나기도 하고 돈이 없어 쩔쩔매기도 하며 또 기회를 얻지 못해 망막함을 느낄 때도 있다. 아무리 노력해도 도와주는 사람 하나 없다고 생각될 때도 있으며 모든 노력이 허사로 돌아가는 상황을 겪을 때도 있다. 하지만 이런 문제들이 유독 나에게만 닥치는 것은 결코 아니다. 목표를 향해 나아가는 사람이라면 누구나 장애를 만나게 된다. 그렇더라도 쉽게 낙담하지 말고 잠시 쉬면서 에너지를 재충전하는 기회를 갖는 게 현명하다. 그리고 다시 활력을 얻고 목적을 이루기 위한 대안을 찾도록 한다. 나의 최상의 친구는 다른 누구도 아닌 바로 나 자신이라는 점을 잊어서는 안 된다. 포기는 자신과의 싸움에서 패배를 인정하는 것이며, 자신을 영원한 적으로 만드는 일이다.

18
지나간 버스가 좋아 보이는 건 착각이다

배를 움직이는 것은 거대한 돛이 아니라 보이지 않는 바람이다.

····사람들은 지난 세월 동안 자신에게 찾아왔던 기회를 잡지 못하고 놓친 것에 대해 안타까워하거나 후회하며 그로 인해 꿈을 이루지 못했다고 말한다. 또 현대 문명의 발달을 따라잡지 못해 인생이란 전장에서 스스로 패배자가 되었다고 생각한다. 하지만 그런 패배감은 실질적으로 그런 상황이라기보다는 스스로 만들어 낸 착각에 불과하다는 사실을 깨달아야 한다.

새로운 세상은 빛의 속도로 변화한다. 현대 사회의 모든 기술은, 아무리 초보라 할지라도 나름의 쓸모가 있다. 요즘과 같은 멀티태스킹 시대에 나이나 사회적 지위에 관계없이 새롭게 인생을 시작할 기회는 얼마든지 있다. 모든 것은 마음먹기에 달렸다. 수평적 성장은 수직적 성장만큼이나 가치 있는 것이다.

하루 사이에도 새로운 직종들이 다양하게 생겨나는 오늘날, 새로운 분야를 체험할 수 있는 기회가 나날이 늘어나고 있다. 나이가 많든 적든 누구나 자신 앞에 다가온 기회를 잡아 얼마든지 새로운 영역을 개척할 수 있다. 관계를 개선하고 새로운 친구를 사귀고 새로운 분야에 눈을 돌리는 데 있어서 나이는 그저 숫자에 불과할 뿐이다.

버스를 놓쳤다고 풀 죽을 필요는 없다. 이내 새로운 버스가 올 테니, 놓치지 말고 올라타면 된다. 지금 당장 시작하라! 그러면 이내 새로운 삶이 두 팔을 벌려 나를 환영할 것이다.

19
과거라는 무거운 짐 내려놓기

꿈은 꿈일 뿐이다. 목표는 계획과 기한이 있는 꿈이다.

⋯ 인생을 살면서 이런저런 불행을 겪어 보지 않은 사람이 어디 있겠는가. 인생은 행복과 불행의 연속이어서 즐거운 일과 가슴 아픈 일들이 반복되게 마련이다. 누군가는 나에게 무한한 사랑과 정성을 베푸는가 하면 어떤 이는 나에게 등을 돌리거나 비수를 꽂아 평생 지워지지 않는 상처를 남기기도 한다.

그렇지만 생산적인 발전과 성공에 관심이 있다면 그런

상처나 과거 따위는 모두 벗어던져야 한다. 현재의 삶이 더 중요하기 때문이다. 상처와 수치, 박탈감 등의 감정 속에서 과거의 짐들은 살아 움직인다. 이러한 감정들은 정신 건강에 막대한 영향을 주기 때문에 인성마저도 바꿀 수 있다. 부정적인 감정에 의해 인성이 바뀌면 쉽게 짜증을 부리고 매사 비협조적인 자세로 일관하며 쉽게 좌절한다.

미움과 분노, 실망 등의 감정은 아주 강력해서 우리의 정신 속에 깊이 뿌리내린다. 그러므로 이러한 감정들은 무조건, 재빨리 털어 버리는 것이 좋다. 그렇지 않고 계속해서 부정적인 감정들을 품고 있으면 진보와 성취로 향하는 길에 먹구름이 드리운다. 먹구름은 비를 만들고 급기야 폭풍 속으로 나를 몰아간다. 그렇기 때문에 속히 그런 감정들에서 벗어나 새롭고 환한 미래를 향해 마음의 창을 열어야 한다.

미래는 자신이 원하는 대로 계획할 수 있지만 과거는 결코 변화시킬 수 없다. 그러니 과거라는 무거운 짐을 벗어 내려놓는 수밖에 없다. 그런 다음 우리가 할 수 있는 건 오직 목표를 날카롭게 인식하며 현재와 미래에 몰두하는 일이다. 분노와 미움의 감정들을 몰아내고 심신의 건강을 유지하면 얼굴에서 빛이 나고 몸은 활력으로 넘쳐난다. 때로는 용서하고 잊을 줄도 아는 것이 곧 지혜다.

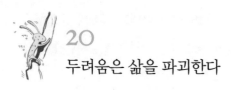

20
두려움은 삶을 파괴한다

미숙한 사람은 '나는 대의를 위해 고결하게 죽기를 원한다'고 말하고,
성숙한 사람은 '나는 작은 것을 위해 겸손하게 살기를 원한다'고 말한다.

··· 사람들이 두려움을 갖는 근원은 다양하다. 나이가 어릴 때는 어른에 대한 막연한 두려움이 있으며, 젊을 때는 늙는 것을 두려워한다. 건강할 때는 질병과 그에 따른 고통을 두려워하며, 명성을 누릴 때는 불명예에 대한 두려움을 갖는다. 가족에게 문제가 생기지 않을까 두려워하고 사랑하는 사람과의 이별을 두려워하며, 경제적으로 독립하지 못하고 타인에게 의존하게 되지 않을까 두려워한다.

하지만 마음이 순수하고 의지가 확고하다면 이런 두려움을 느낄 이유가 없다. 이러한 두려움들은 모두 파괴적이어서 우리가 예상할 수 없는 방향으로 삶을 흘러가게 한다. 그러므로 두려움을 가득 안은 채 불투명한 미래를 향해 나아가지 않으려면 현재를 지혜롭게 관리해야 한다. 건강은 건강할 때 지켜야 하며 돈도 있을 때 아껴야 하고 대인 관계 또한 서로 좋은 관계로 지낼 때 더 큰 배려와 관심으로 관계를 유지해야 하는 법이다.

두려움은 마음을 불안하게 하는 부정적인 감정이므로 두려움이 느껴질 때마다 밝고 즐거운 마음으로 변화를 꾀하려 노력해야 한다. 내 스스로 두려움을 갖지 않을 때 주위 사람들 또한 내게서 편안함을 느끼게 된다.

21
감정에 지배당하지 말라

우리는 타인과의 약속은 잘 지키는 반면
자신과의 약속은 잘 지키지 못한다.

··· 성공과 행복의 최대 적은 거만과 탐욕, 정욕, 분노, 질투, 집착 등과 같은 부정적 감정이다. 이는 모두 쉽게 유혹에 빠질 수 있는 것들이며 동시에 정신 건강을 해치기도 한다. 그러나 이러한 감정들은 오히려 잘만 다스리면 에너지와 창조력으로 승화시킬 수도 있다.

자신감과 자부심은 모든 이에게 필요한 긍정적인 마음이지만 거만함은 부정적인 정신에서 비롯된다. 거만함을 일삼는 사람 곁엔 진정한 친구가 남아 있을 리 없고 가족조차도 함께 말 섞기를 두려워하며 아이들조차도 피하려 든다. 또 그러한 이들은 거칠고 싸우기를 좋아해서 직장 상사나 동료들도 함께 일하기를 꺼린다. 자만한 자의 삶은 외롭고 고독하기만 하다.

정당하게 이익을 추구하고 생활에 필요한 것을 요구하는 일이야 극히 자연스러운 행위이지만, 자칫 탐욕과 허욕에 물들지 않도록 스스로를 조절해야 한다. 탐욕에 빠지게 되면 윤리를 무시한 채 물질을 얻는 일이라면 무엇이든 마다하지 않는다. 탐욕의 지배에 휘둘려 파멸을 자초하게 된다.

정욕을 다스리지 못하는 사람 또한 마찬가지다. 정욕은 창조적인 에너지를 소모하고 영혼을 갉아먹는다. 욕망은 인간의 자연스러운 부분이기는 하지만 그 욕망을 주체하지 못하는 상태가 되어서는 안 된다.

고삐 풀린 분노는 인간의 최대 적이다. 현대인들은 곳곳에서 마음 내키는 대로 자신의 분노를 표출한다. 그러다 보면 마음은 혼란에 빠지고 이성은 흐려진다. 옳고 그름을 분별하는 힘이 사라져 상대의 말에 귀 기울일 틈조차 없다. 분노는 자신이 성숙하지 못하다는 표현의 하나다. 분노는 자신을 바라보기 힘들게 만들어 자신의 상처가 어디서 오는지 알아차릴 수도 없다. 종종 박탈감이나 불안감으로 세상을 향해 분노하는 사람은 주위 사람을 격렬히 공격하며 억압하려 든다. 그 반작용으로 빚어지는 결과는 스스로를 고립시키는 것뿐이다. 불의를 보고 참지 못하거나 부정에 대해 분노하는 것은 건강하고 자연스러운 일이지만 그렇지 않은 분노는 심신의 건강을 해친다.

질투는 현대인의 일상처럼 되어 버렸다. 미디어는 명성과 명예, 화려한 삶과 재물, 소유욕, 섹스 등을 위해 경쟁하는 사람들의 질투심을 먹고 자란다. 경쟁이 건강하면 훨씬 높은 목표를 향해 달려갈 수 있다. 하지만 진실한 경쟁은 자신이 이룬 성과를 넘어서는 것에 있다. 그저 옆에 있는 사람을 질투하고 비교하는 것을 자신의 목표로 삼지 마라. 질투는 그 이상의 기회를 놓치게 할 뿐이다. 탐닉은 언제나 우울을 낳는다. 이런 습관에 노예가 되는 것은 질병과 다름없다.

시각, 청각, 촉각, 미각, 후각의 다섯 가지 감각에 지배 당하면 불행해진다는 말이 있다. 오감이 주는 쾌감을 과도하게 탐닉하지 말라는 의미가 담긴 말이다. 신체적·정신적·영적 성장을 위해 사용하는 오감은 목표를 향해 순탄하게 달려가게 하지만, 쾌감을 추구하는 감각의 노예는 스스로를 깊은 수렁으로 끌고 들어간다. 쾌락은 점점 더 높은 강도를 요구하게 마련이어서 이를 좇다 보면 평생을 허비하게 된다. 끝없는 감각의 요구에 굴복하는 사람은 분별력을 잃게 되지만 감각을 다스려 성장의 도구로 사용하는 사람은 성공과 행복을 성취하게 된다.

22
분노를 다스려라

먼저 자기 자신과 평화롭게 지내라.
그럴 때 비로소 타인에게 평화를 전할 수 있다.

⋯ 많은 사람들이 일상에서 받는 스트레스로 인해 곧잘 화를 낸다. 그러고는 자신이 화를 낸 사실을 이내 후회한다. 또 아침에 일어나서 잠자리에 들 때까지 자신의 욕구를 채우지 못해 실망하고 좌절한다.

이런 식으로 불만이 쌓이면 마음속에는 분노로 가득해 다른 무엇이 비집고 들어갈 자리가 없다. 좀 더 많은 것을 소유하려는 욕심과 스트레스를 생산하는 관계들, 무절제

한 야망과 욕망, 탐욕 등이 마음의 평화를 앗아 가 분노의 싹을 틔운다.

대부분의 사람들은 분노와 평화가 하나의 가슴속에 공존할 수 없음을 모르지 않는다. 그러면서도 세상을 향한 적의와 분노로 가슴을 가득 채운다. 당연히 평화와 행복이 들어설 자리는 어디에도 없다. 성공과 행복을 성취하고 싶다면 먼저 분노를 압도해 다스릴 줄 알아야 한다.

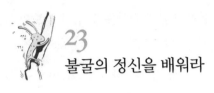

23
불굴의 정신을 배워라

친구로 만들 수 있는 적은 해치지 마라.

···• 불굴의 정신을 소유한 사람들은 인생의 항해에 풍랑이나 그 어떤 재난을 만나도 거침없이 이를 뚫고 나아간다. 자신에게만 늘 삶의 고통이 찾아온다고 생각할 수도 있지만, 실상 부자든 빈자든 육체적으로나 정신적으로 이러저러한 고통을 겪지 않는 사람은 없다. 이런 괴로운 상황에 직면했을 때 이를 헤쳐 나가는 모습에서 나만의 고유한 정신을 찾을 수 있다. 이를 보다 구체적으로 이해할 수 있

는 예를 들어 보도록 하겠다.

어느 멋진 도시에 부자가 살고 있었다. 그런데 그 부자는 자신의 재산을 모두 탕진하고 거지 꼴이 되고 말았다. 그는 예전의 호사스러운 생활을 할 수 없게 되자 그 도시 외곽의 아쉬람에 살고 있는 지혜로운 사두를 찾아갔다. 그는 사두를 보자마자 앞에 엎드려 울기 시작했다. 자신이 어떻게 재산을 탕진하게 되었는지, 어떻게 하면 힘든 상황에서 벗어날 수 있는지에 대해 물었다. 사두는 밀봉된 단지를 그에게 건네며 이렇게 당부했다.

"마지막 동전 한 닢까지 없어지거든 그때 가서 단지를 열어 보시오. 그 안에 답이 들어 있소."

그는 마지막 동전 한 닢이 없어질 때까지 며칠을 더 기다렸다. 그런 뒤 단지를 열어 보았다. 단지 안에는 종이 한 장이 있었는데, 거기에는 이런 글이 적혀 있었다.

"이것도 지나가리라!"

암호와도 같은 메시지를 읽고 난 남자는 자신 앞에 기다리고 있는 미래를 변화시킬 수 있는 사람은 오직 자신뿐이라는 사실을 깨달았다. 그는 다시 부지런히 일했다. 얼마

지나지 않아 그는 다시 많은 돈을 모았고 부족함 없는 부자가 되었다. 그는 다시 아쉬람을 찾아가 감사의 표시로 식사를 대접하겠다며 사두를 자신의 집으로 초대했다. 초대에 응한 사두가 그의 집을 방문했다. 저녁 식사 자리에 막 앉으려는 순간 사두는 예전에 주었던 단지를 가져오라고 했다. 남자가 단지를 가져오자 사두는 뚜껑을 열고 종이에 쓰인 글을 읽어 보라고 했다. 남자는 소리 내어 읽었다.

"이것도 지나가리라!"

남자는 '삶은 음양의 변화처럼 끊임없이 변화한다'는 사실을 또 한 번 깨달았다. 폭풍우가 몰아치는 바다를 항해하는 사람에게는 불굴의 의지와 용기가 필요하다. 위의 우화를 통해 우리는 어떤 상황 속에서도 평정심을 잃지 않는 자세를 배워야 한다. 어떤 변화에도 쉽게 동요되면 굴곡이 심한 인생의 바다를 넉넉히 헤쳐 나갈 수 없다. 의연하게 대처할 줄 아는 불굴의 정신을 키워야 한다.

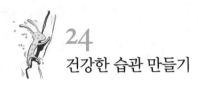

24
건강한 습관 만들기

대부분의 사람들은 비판을 듣고 구원받기보다는 칭찬을 듣고 망가진다.

··· 건강한 자신을 만들어 갈 수 있는 습관을 들이도록 스스로 노력하는 것은 행복한 인생을 만들어 가기 위한 초석이 된다. 육체적으로나 정신적으로 건강이 기본이 되어야 무슨 일이든지 해낼 수 있으니 말이다. 다음은 스스로를 위해 반드시 길러야 할 건강한 습관들이다.

1. 술 담배는 가급적 멀리한다.

2. 적절한 영양 섭취와 규칙적인 식사, 그리고 체질에 맞는 다양한 음식을 먹는다. 물을 많이 마신다. 신체에 이상이 느껴지면 바로 의사나 전문가와 상의한다.

3. 일은 체계적으로 진행하며 직장과 가정, 여가 생활에 적절히 시간을 배분한다.

4. 가끔 시간을 따로 내어 하고 싶은 일에 빠진다. 즐거운 마음으로 운동과 명상을 한다.

5. 생각이나 꿈을 규칙적으로 기록한다. 기회가 찾아오면 생활 속에서 실천한다.

6. 기분이 처지지 않도록 긍정적으로 생각하고 사물의 밝은 면을 본다. 우울증은 현대인의 질병이다. 건강하고 행복한 마음으로 우울한 상태에서 속히 벗어난다.

7. 자신을 이용하려는 사람의 접근을 경계한다. 과감하게 뿌리쳐 괜한 정력을 낭비하지 않는다.

8. 작은 병을 키워 큰 병이 되지 않도록 정기적으로 건강 검진을 받는다.

9. 모든 사람이 잘되기를 바라는 긍정적인 마음을 갖는다. 이는 긴장과 피로에서 자유로울 수 있는 방법이기도 하다.

10. 매년 새로운 기술이나 능력을 한 가지씩 익혀 스스로를 업그레이드시킨다.

11. 3년마다 회계 감사를 하듯 지나온 삶을 점검하고 어떻게 하면 성과를 높일 수 있는지 살핀다.

12. 나의 삶을 빛나게 해줄 친구들을 사귄다.

13. 대인 관계에 좋지 않은 영향을 주는 습관은 과감
하게 버린다.

14. '항상 잘할 수만은 없다'라는 사실을 인정한다.

15. 화나 분노의 감정을 멀리한다.

16. 타인의 단점을 입에 올리며 관심을 기울이지 않는다.

17. 실수를 했거나 타인에게 상처를 입혔을 때는 적극
적으로 미안한 마음을 표현한다.

18. 주변에 걱정이나 근심의 기운을 퍼트리지 않는다.

19. 타인의 종교와 문화, 사고방식, 생활양식 등을 관
용적으로 수용하고 좋은 점이 있으면 기꺼이 받아
들인다.

20. 피해 의식을 갖지 않는다. 스스로의 승리를 믿고
    실천한다.

21. 상대의 이야기를 타인에게 늘어놓지 않는다.

22. 눕는 습관을 버린다.

23. 무능력하다는 생각을 버리고 자신감을 쌓는다.

24. 가난에 대한 생각은 잊어버리고 스스로를 부자라
    고 생각한다.

사람들은 대부분 자신이 실제보다 더 가난하고 무능하다
고 믿는 경향이 있다. 이는 자신을 타인과 비교해 부족하다고
느끼기 때문이다. 하지만 자신이 소유하고 있는 것에 만족하
고 자신감을 키우면 자연스레 더 많은 것을 소유하게 된다.
이것이 바로 만족스러운 삶을 살아가는 비결이다.

25
몸과 마음을 함께 단련시켜라

'할 수 없다'고 생각하는 것은 '하기 싫다'고 다짐하는 것과 같다.
– 스피노자

··옛날에 인도의 소년들은 **구루쿨**gurukul 스승과 제자
가 함께 기숙하며 공부하는 인도의 고대 학교에 들어가 지식을 습득하
며 명상 수련을 했다. 당시 학식이 뛰어난 스승들은 공부와
명상을 동일시했기 때문에 어린 학생들은 이런 스승 밑에
서 심신을 단련했다. 구루쿨에서는 곤란한 상황이 발생했
을 때만 질문이 허용되었다.

한번은 어린 소년이 엄마 손에 이끌려 구루쿨에 왔다.

소년의 나이는 고작 여덟 살에 불과했다. 아이는 엄마가 떠나자 무엇을 어떻게 해야 할지 도무지 갈피를 잡을 수 없었다. 스승이 지나가자 아이는 수줍은 목소리로 물었다.

"선생님, 어디서부터 공부를 시작해야 하나요?"

스승은 산스크리트로 말했다.

"걸어라."

아이는 어리둥절했다. 대체 어디를 향해 걸으란 말인가? 아이는 주눅이 들어 더 이상 아무 질문도 하지 못했다. 그러고는 생각 끝에 선생이 하는 대로 따라 하기로 했다. 해가 뜰 무렵 일어나 강가로 목욕을 하러 가는 스승의 모습을 본 아이는 그의 뒤를 따르려 했지만 무서워서 발길이 떨어지지 않았다. 얼마 지나지 않아 아이는 강 건너편에서 불이 반짝이는 것을 발견했다. 누군가 목욕을 하기 위해 강으로 오고 있다고 생각하자 무서움이 조금씩 사라졌다. 이어 새의 지저귐과 함께 햇빛이 온 누리를 비추며 자연이 눈을 떴다. 아이는 서서히 두려움을 다스리고 자연과 하나 되어 동물과 벗하며 다른 학생들과 사귀는 법도 배워 나갔다. 아이는 비로소 '심신의 단련이 지식을 완성하는 첫 단계'라는 진리를 터득하기 시작한 것이다.

심신을 단련하는 것은 수련의 일부다. 주어진 시간을 최대한 효과적으로 사용하기 위해서 더욱 필요한 과정이다. 단련이 몸에 익으면 무분별한 폭식이나 음식에 대한 탐닉을 다스릴 수 있으며, 규칙적으로 운동하는 습관을 갖게 되며, 잡담처럼 쓸데없는 일에 시간을 허비하지 않고 일에 집중할 수 있다.

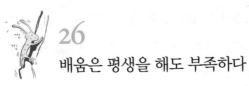

26
배움은 평생을 해도 부족하다

배움은 미래를 위한 가장 큰 준비이다.
– 아리스토텔레스

•• 평생 배우기를 주저하지 않는 사람은 인생에서 반드시 승리를 거머쥔다. 배움에는 끝이 없으며 나이도 상황도 핑계가 될 수 없다. 한 위대한 성악가는 자신의 글을 통해 이런 이야기를 전한다.

"여신 사라스와티Saraswati가 자신의 비나로 배를 만들어 지식의 바다를 항해한다 해도 그 바다의 끝에 도달하기 힘들 것이다."

유구한 역사 속에서 축적된 인간의 생활과 지식, 지혜를 깨우치는 일은 더불어 영혼을 맑게 하는 것이다. 배움으로 가득 찬 마음의 빛은 환하게 그 빛을 밝혀 수많은 사람들을 주위로 끌어당기는 횃불이 된다.

유년기와 청년기, 성년기를 거치며 끊임없이 지식을 쌓아 가는 일은 정신을 풍요롭게 해서 마침내 아름다운 꽃을 피운다. 배우는 일에는 특정한 목적이 필요하지 않다. 지식을 습득하는 것은 기술을 배워서 돈을 버는 데 그 목적이 있는 것이 아니라 스스로의 정신과 마음에 꽃을 피우기 위해서이기 때문이다. 그리고 무지의 커튼을 단칼에 벨 수 있는 날카롭고 지혜로운 검처럼 정신을 갈고닦기 위해서다.

27
버는 것보다 중요한 자산 관리

돈은 현악기와 같다.
그것을 적절히 사용할 줄 모르는 사람은 불협화음을 듣게 된다.
– 칼릴 지브란

··· 경제적으로 성공한 사람들은 돈 버는 일이 쉽다고 말한다. 물론 그들이 말하는 것처럼 돈 버는 일이 그렇게 쉬운 일만은 아니다. 하지만 돈을 어떻게 버느냐보다 훨씬 어려운 일이 바로 벌어 놓은 돈을 어떻게 관리하느냐이다.

눈코 뜰 새 없을 정도로 빠른 급류에 휩쓸린 듯 돌아가는 현대 사회는 우리에게 일시 정지도 휴식도 허락지 않는다. 하루 14시간에서 16시간 이상 자신의 능력을 발휘하기 위해 애를 쓰며 동료보다 빨리 승진하기 위해 무한 경쟁을 해야만 한다.

그렇다 보니 잠시나마 일손을 멈추고 소득과 지출을 꼼꼼히 따져 어떻게 저축하고, 투자할지 등에 대해 생각해 볼 틈이 거의 없다. 하지만 돈을 버는 것보다도 번 돈을 어떻게 관리하고 미래를 위해 어떤 방법을 통해 증식할 것인가에 대한 고민은 반드시 필요하다. 아무리 많은 돈을 벌었다 하더라도 그것을 제대로 운용하지 못한다면 그동안의 노력이 하루아침에 물거품이 될 수도 있기 때문이다.

자신이 원하고 꿈꾸었던 밝은 미래와 평안한 노후를 맞이하기 위해서는 소득과 저축을 어떻게 운용할지 곰곰이 따져 보고 실행해야 할 것이다.

Part 3 _ 관계

관계 속에 깊어지는 풍요로운 삶

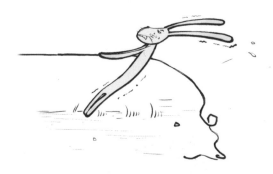

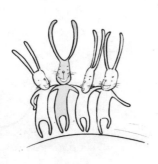

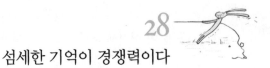

섬세한 기억이 경쟁력이다

추억은 식물과 같다.
어느 쪽이나 다 싱싱할 때 심어 두지 않으면 뿌리를 박지 못한다.
우리는 싱싱한 젊음 속에서 싱싱한 일들을 남겨 놓지 않으면 안 된다.
— 생트뵈브

··· 인생의 더없는 기쁨 중 하나는 순간순간 삶의 지표가 되어 준 것들을 추억하는 일이다. 특히 부모 형제와 함께한 유년 시절은 삶에서 매우 중요한 부분을 차지하는데, 이 유년의 추억은 인생에 커다란 영향을 끼치며, 성인이 되었을 때 기쁨의 원천이 된다. 그러므로 유년의 추억은 소중히 간직해야 한다.

학창 시절의 친구와 선생님은 한 사람의 인격 형성에

중요한 역할을 하며 인생을 풍요롭게 만들어 준다. 대부분의 사람들은 이 시기에 꿈과 목표를 형성한다. 부모와 가정의 사랑은 따뜻하게 나를 보호하며 친구의 사랑은 어려울 때 힘이 된다. 이런 사랑은 평생 동안 인생을 풍요롭게 하는 원천으로 작용해 탐욕과 물욕, 경쟁심을 멀리하고 따뜻한 마음과 성실함으로 관계를 쌓아 가게 해준다. 가족과 친구는 언제나 이타적이기 때문에 그들과의 관계는 대단히 강하고 지속적이다. 험난한 일을 겪을 때마다 기억의 창고속에서 아무런 근심 없이 살았던 유년을 떠올리거나, 성적을 올리기 위해 열심히 공부하던 일, 우수한 성적을 거뒀을 때 온 가족이 기뻐하던 모습, 시련의 시기가 닥쳤을 때 곁에서 지켜 준 친구들의 우정을 떠올려 보라.

어른이 되어 건조한 생활을 반복하다 보면 아름다운 추억들 위로 시간의 먼지가 내려앉는다. 그러다 보면 내게 그런 아름다운 시절이 있었는지조차 의심이 들기 시작한다. 그러니 부디 아름다운 추억을 망각의 페이지에 묻어 두지 않기를 바란다. 이런 추억들이야말로 삶을 이끌어 주는 크나큰 힘이니 말이다. 이러한 힘의 원천을 끊임없이 얻기 위해서는 매사 기억하는 버릇을 가져야 한다. 느닷없이 마주한 아름다운 장면이나 장소, 멋진 사람들의 이름, 사랑하는 사람들의 얼굴 등을 기억하는 것 말이다.

직장에서 역시 날짜와 의사 결정, 사건, 데이터 등에 대한 기억 능력을 개발해 지능 향상을 꾀할 수 있다. 컴퓨터의 파일과 인터넷의 자료, 개인 정보 관리 프로그램, 전자 다이어리, 전화번호부가 저장되어 있는 휴대폰 등 온갖 전자 장비들이 범람하는 첨단 시대에 기억의 꼬리를 잡고 있기란 쉽지 않다. 모든 기억을 기계가 대신하기 때문이다. 그러나 아무리 첨단 시대라 해도 감성을 바탕으로 한 인간의 기억을 뛰어넘을 수는 없다.

축제에서 풍기는 색채감, 사랑하는 이의 어조, 경이로움으로 가득한 어린아이의 눈빛, 용기를 북돋아 준 친구의 말 한마디, 상실과 좌절에서 오는 고통 등을 인간의 두뇌는 그 어떤 첨단 장비보다 섬세하게 기억한다. 인간의 이러한 기억력은 신이 내린 은총이요 성공과 행복을 성취하는 힘의 원천이다.

누구에게나 주어진 이러한 능력을 최대한 활용하는 자

에게 성공과 행복의 열쇠가 주어지는 건 너무도 당연한 일

일 것이다.

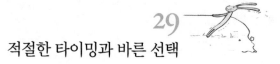

29
적절한 타이밍과 바른 선택

능력은 당신이 무엇을 할 수 있느냐를 결정한다.
동기는 당신이 무엇을 하느냐를 결정한다.
태도는 당신이 얼마만큼 잘하느냐를 결정한다.

··· 아무리 전략을 치밀하게 세워서 만든 계획이라고 해도 시기 선택이 적절치 않거나 제대로 실행하지 못해 중도에 하차하는 경우가 있다. 치밀하게 계획을 세우는 것도 중요하지만 체계적으로 계획을 진행하는 것 또한 중요하다. 무슨 일이든지 스스로 진행되어 가는 과정을 확인할 필요가 있으므로 다음 사항들을 유의하도록 하라.

1. 쾌적한 곳에서 일하고 있는가. 비위생적이거나 산만하기 이를 데 없는 환경에서 일하면 성공과 행복의 길에서 점점 멀어지게 된다.

2. 성품이 바른 사람들과 일하고 있는가. 동료가 심술궂거나 화를 잘 내거나, 혹은 완고하거나 비협조적이라면 목표를 달성하는 데 장애가 된다. 스트레스를 받거나 시간을 낭비하고 싶지 않다면 즉시 확인하고 대책을 강구하라.

3. 추진하고 싶은 계획을 적확한 시기에 가족이나 선생, 상사 등에게 설명하는가. 모든 것은 타이밍이 중요하다. 본능과 감각에만 의지하기보다는 심사숙고해 결정하는 것이 좋다. 또 시간을 넉넉하게 갖고 나의 계획을 편하게 들어줄 수 있는 상대를 찾아야 한다.

4. 상대가 나의 계획 내용을 편하게 받아들이는가. 들

는 사람이 내가 털어놓는 내용에 흥미가 없거나 이해하지 못한다면 이는 괜한 시간 낭비. 따라서 자신의 계획을 털어놓으려면 이를 이해해 주는 사람을 선택하는 게 중요하다.

5. 예의를 바르게 갖추고 있는가. 생각을 말과 행동으로 표현할 때는 확신을 가지고 겸손하게, 그리고 예의를 갖춰 전달해야 훨씬 효과적이다.

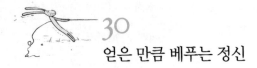

30
얻은 만큼 베푸는 정신

재물은 생활을 위한 방편일뿐 그 자체가 목적이 될 수는 없다.
– 칸트

···생활 속에서 더 많은 것을 얻거나 누리고 싶어
하는 마음은 인간의 자연스러운 욕구다. 네트워킹의 급속
한 변화로 세계는 이미 하나의 지구촌을 형성하고 있으며
사람들 또한 서로의 문화를 공유하고 있다. 매일매일 수많
은 기회들이 새롭게 선을 보이며 새로운 분야의 직업이 태
어난다. 이런 시대를 살아가는 우리로서는 빠른 변화와 유
행에 뒤쳐지지 않을 뿐만 아니라, 경제적인 면에서도 앞서

기를 욕망한다.

몇십 년 전만 해도 나이 마흔은 되어야 이룰 수 있던 것들을 지금은 20대에 모두 이루고자 한다. 재산을 축적하거나 증식하는 스킬은 현대인들에게 매우 중요한 사안이다.

재산에는 세 가지 종류가 있다. 첫째는 상속받은 재산, 둘째는 스스로 모은 재산, 셋째는 재테크를 통해 증식한 재산이다. 일반인들의 경우, 유산을 받기보다는 스스로 재산을 모았거나 이를 종자돈 삼아 재테크해서 재산을 증식한 경우가 대부분일 것이다.

이렇게 힘들게 모은 재산을 관리하는 것은 돈을 버는 것보다 더 중요하다. 그런 의미에서 재산 관리의 기본 원칙 몇 가지를 소개한다. 이 원칙들은 소득이 많지 않은 사람에게도 해당되는 유익한 정보다.

1. 돈은 행복한 삶을 사는 데 무엇보다 필요한 요소다.
   그러므로 의식주나 교육, 보건 등의 기초 생활을 희생하면서까지 저축에만 몰두하지는 마라.

2. 재산은 서서히 늘어 간다는 사실을 명심하라. 세계
   의 최고 부자도 아주 적은 액수의 돈도 소중히 여기
   며 돈을 벌었다. 훌륭한 투자 방법이 있다면 배우고
   익혀라. 생계를 유지할 만큼의 돈을 벌고 있다면 저
   축한 돈에는 절대 손대지 마라.

3. 체계적으로 돈을 관리하라. 금전 출납부를 작성하
   고 돈의 흐름을 추적해 불필요한 지출을 막아라. 금
   전 출납부를 꼼꼼히 기록하는 것만으로도 재산 증
   식 과정을 한눈에 알아볼 수 있다. 이런 기본적인
   원칙을 무시하지 마라.

4. 현명한 지출 방법을 배워라. 여유가 있다면 명품을
   구입하는 것도 나쁘지 않다. 단 상품 가치가 있는
   것을 구입하라. 일정한 자금을 지출하고도 여윳돈
   이 있다면 성취감을 충분히 만끽할 수 있는 물건을
   구입하라. 그림이나 보석, 수정, 도자기 등을 구입
   하는 것도 좋다. 후대에 그 가치를 인정받을 수 있

거나 후손에게 유산의 형태로 물려줄 수 있는 것이면 더욱 좋다.

5. 고금리의 대출을 받아서까지 관리하기도 힘든 사치품을 구입하는 일은 절대적은 금하라. 신용카드 대금과 및 융자 상환을 꼼꼼하게 따져 보고, 자신이 소유하고 있는 것들에 대한 유지 비용을 낱낱이 기록하라. 과도한 채무는 근심과 불행의 씨앗이다.

6. 규칙적인 저축 습관을 길러라. 저축이야말로 참된 돈이라는 말은 오늘날에도 그 의미의 빛을 잃지 않는다. 저축한 돈을 현명하게 투자해 재산을 늘리는 것이다. 세상의 억만장자들 역시 소액의 돈을 저축해 그 이자를 축적하는 것에서부터 부를 창출하기 시작했다.

7. 소득의 일부를 인생의 목표를 위해 써라. 자신의 꿈을 실현하기 위해 돈을 벌 때 인생은 성공뿐 아니라

행복이라는 이름과 함께할 수 있다.

8. 채워지지 않는 탐욕에 매달려 질질 끌려 다니지 말
라. 내가 가지고 있는 것을 바탕으로 삶을 계획하고
누려야 한다. 신문이나 잡지에 등장하는 그룹 회장
의 사모님이나 영화배우가 엄청나게 비싼 다이아몬
드 반지를 끼고 있다는 기사 따위에 현혹되지 말라.
내 손가락에 끼워진 가느다란 금반지가 그들의 다
이아몬드보다 몇백 배 더 값지다는 것을 스스로 인
정하라. 자신의 재정 상태를 냉정하고 객관적으로
판단해 분수에 맞지 않는 물건을 구입하는 일은 없
어야 한다. 수입을 늘리는 것뿐만 아니라 슬기로운
지출도 병행해야 훌륭한 재산 관리라 할 수 있다.

9. 자식이나 배우자에게 재산을 맡겨야 할 이유가 명
확하지 않다면 맡기지 마라. 자신의 재산은 유언장
을 쓸 때까지 자신이 알아서 할 수 있어야 한다. 만
일 배우자와 행복한 생활을 하고 있다면 저축과 투

자에 관한 정보를 나눠도 무방하다. 이는 특히 노인
과 여성이 귀 기울여야 할 부분이다.

10. 수평 성장을 계획하라. 자신이 가진 역량을 노트
    에 기록해 이를 금전으로 환산해 보는 것이다. 멀
    티태스킹은 미래의 질서가 될 것이다. 당신의 기
    술과 수입을 향상시킬 수 있는 기회들을 여러 각
    도에서 찾아보도록 하라.

11. 열망과 상상은 소득을 늘릴 수 있는 열쇠다. 생활
    에 지장을 주지 않는 범위 내에서 돈을 투자하고
    돈의 흐름을 파악해 최상의 성장을 이끌어 내라.

무엇보다 돈을 버는 목표와 목적은 자신의 이익만을 생
각하기보다는 모든 사람을 이롭게 하고자 하는 데에서 비
롯되어야 한다는 점을 잊지 말아야 한다. 사회와의 조화와
협력이 있을 때 목표 달성의 가능성도 커지기 때문이다. 세
계적으로 손꼽히는 갑부들은 기업을 일으켜 굴지의 대기업

으로 만들어 벌어들인 자신들의 자금으로 사회와 교육, 예술의 진흥에 기여하기를 멈추지 않는다. 개인적 경제 활동 역시 그들과 다를 바 없다. 국가와 사회에 대한 기여를 인지하고 실행할 때 성공과 행복의 문은 열리게 마련이다.

소소하지만 이러한 정신을 실천한 어느 할아버지의 일화를 소개하겠다. 이분은 자신이 먹은 망고가 맛있으면 그 씨를 수집하는 습관이 있었다. 여름이 끝나 갈 무렵 할아버지는 모아 놓은 씨 하나하나를 흙으로 부드럽게 싸서 얇은 무명 자루에 넣어 두었다. 그러고는 건기가 끝나고 첫 비가 내리면 할아버지는 자신의 차나 버스를 타고 가면서 창밖으로 그 씨들을 던졌다. 할아버지의 이해할 수 없는 행동이 자못 궁금했던 손자가 물었다.

"왜 따먹지도 못할 망고 씨를 그런 식으로 심으세요?"

"우리 조상 중 누군가 망고 씨를 심었으니 우리가 망고를 먹을 수 있는 거 아니겠니? 우린 조상에게 많은 빚을 지고 있는 셈이지. 그러니 우리도 후대를 위해 이렇게 씨를 뿌리는 것으로 그 감사의 마음을 대신하는 거란다."

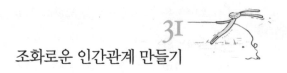

조화로운 인간관계 만들기

> 자신을 완성시키려면 다른 사람과의 관계도 잘 맺어야만 한다.
> 다른 사람들과 교분을 맺지 않고 또한 다른 사람에게 영향을 미치거나
> 영향을 받지 않고서는 자신을 살찌워 나갈 수 없기 때문이다.
> — 톨스토이

···나를 둘러싼 주변의 모든 사람들과 조화를 이루는 것은 갈등과 혼란을 야기하지 않는 방법이므로 순조롭게 성공과 행복으로 향할 수 있다. 특히 배우자나 부모, 형제자매, 자식, 친구들과의 유대를 돈독히 하기 위해서는 그들과 함께하는 시간을 마련할 필요가 있다.

스스로 가족이나 친구, 동료들을 온유하고 따뜻한 마음으로 대하고 있는지 확인해 보라. 그들과 유익한 대화를

나누고 만찬을 즐기며 정보를 교환하고 있는가. 그렇지 않다면 지금이라도 당장 전화를 걸어 만나자는 약속을 하라. 그게 힘들다면 사랑과 우정으로 나의 삶이 보다 윤택해질 수 있도록 가까운 지인이나 소중한 사람들에게 전화를 하거나 메일을 보낸다.

사람들은 너나없이 자신에게 관심을 보이는 사람을 좋아하게 마련이다. 생일이나 행사 등의 기념일을 기억하고 챙겨 주는 것은 더 큰 감동을 주는 일이다. 작지만 이러한 일들은 상대방에게 나에 대한 호감을 심어 주고, 나 자신을 매력적인 인물로 변화시켜 스스로도 행복과 만족을 얻는다.

사소한 불화나 시기심에 사로잡혀 시간과 정력을 낭비하기보다 모두를 향한 선의와 우정으로 성공과 행복의 법칙을 실천하라.

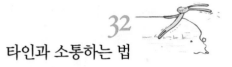

타인과 소통하는 법

목소리를 높이면 대화의 수준은 추락하기 시작한다.

··· 의사 전달이 빛을 발하려면 세 가지 요소가 필요하다.

우선 의사 전달은 간결하고 명쾌하며 일관성이 있어야 한다. 생각과 의향, 사념, 말 등이 서로 뒤엉키면 불필요한 오해가 생김과 동시에 정력 낭비를 불러온다. 효율적으로 의사를 전달하기 위해서는 지나치게 공격적이거나 자기 방어적인 자세를 취해서도 안 된다. 재미있고 편안한 방식으로 내용을 전달해야 효과적이다.

우리는 원하는 것을 얻기 위해서 분명하고 명확하게 자기의 목소리를 내야 하는 경쟁 사회에 살고 있다. 그렇기 때문에 자신의 생각을 반듯하게 포장해 상대를 설득하는 일은 무엇보다 중요하다. 옛말에 '설탕이 없으면 감언을 사용하라'는 말이 있다. 이는 상대의 말에 관심이 없음에도 불구하고 굳이 관심 있는 척하라는 뜻이 아니다. 상대에게 자신의 느낌과 생각을 전달하는 데 있어 최선의 방법을 선택하라는 의미다.

특히 미디어가 지배하는 글로벌 시대를 살아가기 위해서는 제대로 된 의사소통 방법을 익혀야만 한다. 인기 있는 연설가나 강사, 토론 프로그램의 패널 등의 말솜씨는 어휘와 문장을 정확하게 구사해 자신이 말하고자 하는 바를 능수능란하게 표현하는 데서 비롯됨을 알 수 있다.

머릿속에 있는 나만의 생각을 상대에게 전달하기 위해 우리는 언어를 사용한다. 그렇기 때문에 적절한 어휘를 사용하고 명징한 표현을 바탕으로 전달하고자 하는 주제를 정확하게 말해야 한다. 언어는 의사 전달과 대화의 절대적

수단이다. 그 사람의 언어 사용을 통해 사람들은 그의 마음을 읽어 낸다.

소통 가능한 대화 방식을 배우고 최신의 표현을 익혀라. 집안일을 마치고 편지나 발표문, 보고서 등을 작성하면서도 표현력을 향상시킬 수 있다. 강연이나 연설을 준비할 때는 논지의 핵심을 효과적으로 전달할 수 있도록 재미있는 사례를 드는 것이 효과적이다. 가능한 한 다양한 언어를 습득하는 것의 중요성 또한 더 이상의 강조가 무색하다. 적어도 하나 이상의 외국어를 익히는 것은 자신의 인격과 능력을 향상시키는 데 더 없이 유익하기 때문이다.

자신의 생각을 전달하기 위해 발표 형식을 취할 때에는 더 많이 신경 써야 한다. 필요한 자료를 확보하고 발표의 구체적 진행 상황을 떠올리며 리허설을 해보는 것도 좋다. 또 상대가 오래 기억할 수 있도록 자신만의 열정과 스타일을 만들어야 한다. 자신의 의사를 발표함으로써 세상에 자신만의 철학을 전달하는 것이니만큼 청중들로 하여금 상상력과 창의력을 불러일으키고 당신의 철학을 실천하고 싶은 마음이 생기도록 해야 한다.

평생의 동반자인 친구와의 소통 역시 '성공과 행복'으로 가는 길의 중요한 한 부분이다. 사회생활을 하다 보면 우리는 끊임없이 스트레스에 시달린다. 이때 우리는 우선적으로 친구를 찾는다. 전화를 하고 만날 약속을 한다. 마찬가지로 배우자와 자식, 부모 등 가족과 함께하는 시간도 중요하다. 정성 들여 가꾸는 나무가 무성한 잎과 꽃과 열매를 맺듯 타인과의 소통이 규칙적이고 지속적으로 이루어질 때 우리의 관계는 원활하고 건강해진다. 사랑과 신뢰 위에 구축된 우정과 가족애는 일생 동안 이어지며 기쁨과 긍지의 원천이 된다. 이러한 관계의 사람들은 우리에게 지쳐 있는 삶을 다시 한 번 추스르고 일어나 성공과 행복의 길을 향해 힘껏 달려갈 수 있도록 힘을 주는 소중한 사람들이다.

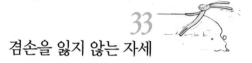

33
겸손을 잃지 않는 자세

정상에 올라가는 데는 능력이 필요하지만
정상을 유지하는 데는 인격이 필요하다.

　　자신이 이룬 성취나 재산, 축복에 대해 자랑을
일삼는 사람은 참다운 성공과 행복을 누릴 수 없다. 매사
겸손할 줄 모르는 사람들은 화를 불러오기 십상이다. 자신
이 일군 재산이나 성취가 더 없이 높고 큰 것이라 해도 스
스로 겸손함을 갖출 때 주변 사람들은 그를 높이 평가하며
훌륭한 인품의 소유자라고 칭송한다.

　　유명 인사들을 봐도 매사 겸손함을 잃지 않는 사람은

그 훌륭함이 더욱 돋보이지만 거만하기 이를 데 없는 사람은 오히려 측은해 보이기까지 한다. 실로 대단한 목표를 성취한 사람이라 해도 자신이 이룬 모든 것이 과거 지혜의 스승들이 이룬 것에 비하면 빙산의 일각에 불과하다는 것을 잘 알고 있다. 진실로 궁극을 성취하는 데는 끝이 없기 때문이다.

삶의 완성에도 끝이란 존재하지 않는다. 이러한 진리를 저버린 채 자신의 성공을 과시하는 행위는 스스로의 미숙함과 무지를 자랑하는 것과 다르지 않다.

34

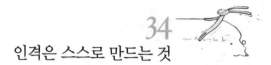

인격은 스스로 만드는 것

성취의 높이는 신념의 깊이와 비례한다.

　　　자신의 목표를 향한 지칠 줄 모르는 열정은 격조 높은 인격의 원천이다. 가슴에서 우러나오는 양심의 소리에 귀 기울이고 이를 실천할 때 인격은 더 한층 훌륭해진다. 하루하루의 생활에 충실하고 항상 자신의 목표를 자각하며 그 길을 향해 쉼 없이 걸어 나가면 인격에도 품위가 생긴다.

　　현대인들은 물질이나 상품, 재산, 돈만이 부의 조건이

라고 생각한다. 하지만 진정한 부란 물질적인 것을 넘어 '풍요'를 상징한다. 풍요란 국가와 사회, 그리고 자신의 인생을 위해 모범적인 삶을 사는 사람, 부지런히 노동한 대가로 자신의 부를 창출한 사람만이 누릴 수 있는 것이다. 나아가 인격을 갈고닦아 타인의 귀감이 되고 자신이 성취한 바를 타인과 함께 나누는 사람이 누리는 것이다.

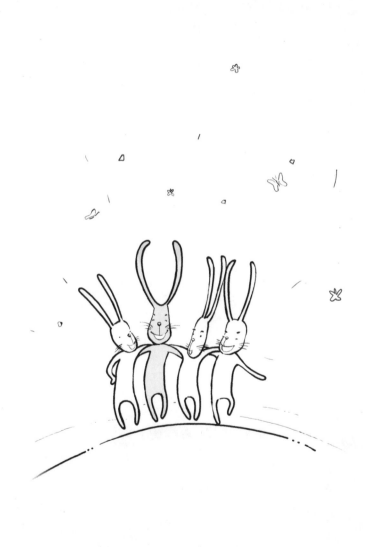

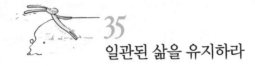

35
일관된 삶을 유지하라

두려움으로부터 도망치지 말라.
도망치다 잡히면 그땐 두려움에게 먹혀 버리고 말기 때문이다.

··목적이나 생각, 말, 행동 등을 일관성 있게 유지
하려면 확고한 신념이 바탕이 되어야 한다. 목적이 분명하
면 생각이 그 목적과 조화롭게 흐르게 되고 말 또한 그 생
각을 명확하게 표현하게 된다. 자신의 인생을 관리할 수
있는 최적임자는 바로 나 자신이다. 그러므로 나에게 주어
진 의무와 책임의 영역을 명확히 하고 자신이 되고자 하는
바를 설정했다면 무엇보다 우선해야 하는 것은 바로 자신

을 믿고 나아가는 일뿐이다. 인생을 다시 설계해야 하는 엄청난 상황이 아니라면 자신의 이상에서 가급적 벗어나지 않아야 한다.

일관된 삶을 유지하기 위해서는 심신을 다스리는 일 또한 중요하다. 매일 밤 숙면을 취하지 못해 괴로워하는 필자에게 한 친구가 이런 이야기를 들려준 적이 있다.

"잠을 자는 데에도 상품처럼 여러 등급이 있어. 무조건 오랜 시간 잤다고 해서 잠을 잘 잤다고 할 수는 없는 거지. 짧은 시간을 자더라도 숙면을 취했다면 그게 바로 잘 잔 잠이라고 할 수 있어. 숙면을 취하고 싶다면 이런 방법이 있어. 잠자리에 들기 전에 화장을 지우고 따뜻한 물에 목욕을 하는 거야. 그리고 환기를 시켜 방 안을 쾌적하게 한 다음, 한 자리에 정좌를 하고 30분 동안 혼자 조용히 있는 거야. 책상다리를 하고 30분 동안 있는 게 처음부터 쉽지는 않아. 마음이 그렇게 하고 있도록 가만 놔두질 않기 때문이지. 마음은 쉼 없이 이러저러한 것들을 생각하라고 부추기거든. 끝마치지 못한 일, 다른 사람에게 전달해야 할 메시지, 메모지에 적어 놓은 일들, 다음 날 걸어야 할 전화 등등 말이야. 그날 마치지 못한 일이 있다면 먼저 그것들을 마무리한 뒤 정좌를 하도록 해. 편하게 앉아서 화와 후회, 악감정 등을 가라앉히고 그날 한 일이나 말한 것을 떠올리는데, 단 자신이나 타인을 심판하려 들어서는 안 돼. 이 방법은 기억력을 향상시키는 또 다른 이점도 있으니까 많은 도움이 될 거야. 필요하면 마음을 가라앉히는 음악을 틀어 놓는 것도 좋은 방법이지. 서서히 생각들을 놓아 버리는 거야. 중요한 생각이든 아니든 모두 다 말이야. 마음이 밝고 맑아지면 나는 더 이상 세상을 떠안아야 하는 사람이 아니라고 자신에게 말하는 거야. 만물의 모든 변화를 네가 책임질 수 있는 건 아니잖아. 너는 지구상의 무수한 사람들 중 한 명일 뿐이야. 너의 안전이나 행복은 풀잎 하나까지 주관하시는 신의 손길에 달려 있다고. 그러니까 너의 모든 근심 걱정을 신 앞에 내려놓는 거야. 미래에 대한 걱정이나 과거에 대한 후회의 마음도 내려놓고 음악을 듣거나 아니면 충만한 침묵 속에서 잠을 청하는 거지. 분명 아주 깊고 편안한 잠 속으로 빠져들게 될 거야."

변덕은 금물

새벽이 찾아오지 않는 밤은 없다. 인내와 희망을 가져라.

••목적지로 가는 길목에서 카멜레온처럼 변덕을 부리는 사람들이 있다. 이들은 안정적으로 성공을 향해 갈수 없다. 변덕스러운 마음은 목표를 달성하는 데 최악의 적이다. 이런 마음을 다스리지 못하면 많은 시간과 정력을 쓸데없이 낭비하게 된다.

마음을 다스려 수시로 밀려드는 변덕스러운 기운을 뿌리치면 마음은 더없이 좋은 친구가 된다. 마음은 모든 욕망의 뿌리이기 때문이다. 마음이 서로 다른 욕망으로 혼란스러워지면 인생의 진정한 목적 또한 흔들려 수많은 목표 사이에서 방황하게 된다.

변덕스러운 마음을 제어하는 두 가지 방법이 있다.

첫째, 성공으로 가는 길에 있어 자신의 능력과 시간을 최적으로 사용할 수 있도록 내면에서 우러나오는 지혜에 귀를 기울인다.

둘째, 마음을 다스려 집중력을 높일 수 있도록 명상을 반복한다.

물론 이 두 가지를 실행하는 것 자체가 쉬운 일은 아니다. 그런 만큼 효과는 더욱 뛰어나다. 일단 시도해 보라. 놀라운 일들을 경험하게 될 것이다.

지도자가 된다는 것

지도자가 될 수 있는 사람은 역경에서도 불만을 품지 않고,
영달을 해도 기뻐하지 않고, 실패해도 좌절하지 않고,
성공을 해도 자만하지 않는다.
– 장자

‥타인의 잘못된 행동을 지적하고 싶다면 그러기에 앞서 자신의 행동을 먼저 살펴야 할 것이다. 자신은 무책임한 태도로 일관하면서 아랫사람에게 충성과 성실을 강요할 수는 없기 때문이다. 부모 자식 간도 마찬가지다. 자신의 목표를 향해 열심히 일하고 정성을 다해 아이를 돌보며 아이가 꿈을 이룰 수 있도록 도와주는 것은 부모로서 당연히 해야 하는 도리라 할 수 있다. 또한 아이들은 이러

한 부모의 모습 속에서 자신의 바른 길을 찾아낸다.

지도자가 된다는 것은 사회적으로 아랫사람에게 부모와 같은 존재가 되는 것이라고도 할 수도 있다. 사회적 지위가 높아질수록 자연히 소득이 증가하게 되고 이러한 변화는 곧 개인의 행복으로 이어질 가능성이 높다. 그러나 사회적 지위를 높임으로써 개인의 안위와 평화만을 추구할 것이 아니라, 이와 동시에 우리는 그 지위에 맞는 지도력을 갖추어야 한다. 특히 대담성, 원칙과 믿음에 대한 소신, 아랫사람을 배려하고 우수한 자질을 키워 내는 힘, 자신의 실수를 인정하는 자세, 타인의 실수를 감싸는 너그러움 등은 시대와 국경을 넘어 통용되는 지도자의 자질이다.

자신의 실수를 인정하고 과감히 시정할 수 있는 사람만이 발전할 수 있다는 진리를 깨달은 사람을 우리는 훌륭한 지도자로 인정한다. 또한 현실에 안주하지 않고 자기 계발을 위해 최선을 다하는 사람, 무한 노력을 경주하여 자신의 업무 능력을 발전시키고 더불어 주위 사람의 능력도 함께 발전하도록 하는 사람이 진정한 지도자이다. 《바가바드기타》의 지도자에 대한 정의 또한 다르지 않다.

자신에게 주어진 일에 헌신하고 완성된 경지에 도달하기 위해 최선을 다하는 사람, 내면의 양심에 귀 기울여 자신이 해야 할 일을 하는 사람, 그런 사람이 진정한 지도자다.

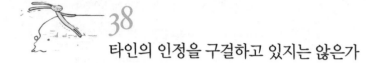

38
타인의 인정을 구걸하고 있지는 않은가

있는 그대로의 모습으로 살 때 가장 편안하다.
반면 타인이 원하는 대로 살 때 가장 불편하다.
그러므로 타인에게 조종당하는 삶을 살지 마라.

··· 나의 발전은 내 손에 달려 있다. 게으르거나 타성에 젖어 사는 자의 미래는 불 보듯 뻔하다. 타성에 젖어 살면 타인의 아량에 의존하는 구차한 삶을 연명하게 된다. 나 역시 한 예화를 통해 삶이 변화되었다. 그 얘기는 다음과 같다.

옛날 작은 왕국에 한 소년이 살고 있었다. 노상 구걸하며 연명하는 소년을 사람들은 멸시했다. 소년이 애처로운 목소리로 구걸하면 사람들은 온갖 상스런 욕을 해대며 그를 쫓아 버렸다. 그러던 어느 날 소년이 사람들에게 수모당하는 장면을 본 한 지방관이 소년에게 이렇게 말했다.

"왜 구걸을 하고 살면서 그런 수모를 참고 있느냐? 내가 일러 주는 대로 하면 구걸하지 않고도 평생을 먹고살 수 있다."

지방관은 소년에게 마을 밖의 나무 아래 앉아 있으라고 했다. 그리고 사람들이 가져다주는 것은 그 어떤 것도 받지 말라고 했다. 소년은 시키는 대로 했다. 사람들이 옷이나 먹을거리를 가져오면 손사래를 치며 거절했다. 그렇게 하자 음식과 선물, 옷가지 등이 소년의 나무 아래 산더미처럼 쌓이기 시작했다. 그래도 소년은 사람들이 가져다주는 것을 받지 않고 묵묵히 앉아 있기만 했다. 소년에게 비법을 일러 줬던 지방관이 왕에게 가서 말했다.

"전하, 마하트마가 전하의 왕국을 방문했는데, 전하께서는 아직 마하트마를 친견하지 않으셨지요? 그 마하트마는 아무것도 받지 않고 소유도 하지 않는 대단한 분이십니다."

그 말을 듣고 왕은 금은보화와 값비싼 옷과 귀한 음식 등을 잔뜩 싸 가지고 소년을 찾아갔다. 왕이 소년에게 말했다.

"위대한 성자시여, 부디 넓은 아량으로 저희가 준비한 것을 받아 주소서."

그래도 소년은 아무것도 받지 않았다. 왕은 가져온 선물들을 그대로 놓고 떠났다. 한밤중이 되자 지방관이 소년 앞에 나타났다.

"여보게, 이제 다 됐네. 자네가 반을 갖고 내가 나머지 반을 갖겠네. 자네는 반을 챙겨서 떠나게나. 그리고 이 마을에 다시 돌아와서는 절대 안 되네."

그러나 소년은 지방관을 올려다보고 아무것도 챙기려 하지 않았다. 지방관이 왜 그러느냐고 묻자 소년이 대답했다.

"2주 동안 아무것도 구걸하지 않았는데 많은 걸 받게 되었어요. 그러니 평생 아무것도 구걸하지 않는다면 얼마나 많은 것을 받겠어요?"

그 말을 남기고 소년은 자리를 떠났다. 그리고 스스로 열심히 일해 부자가 되었다고 한다. 그 소년은 물질적으로

뿐만 아니라 영적으로도 부자가 되었던 것이다.

우리는 정신적인 거지가 되어 타인의 인정을 구걸하며
살고 있지는 않은가. 설령 조금이라도 의심이 된다면 그런
의존적인 마음에서 탈피하라. 구걸을 통해 얻은 성공은 아
무런 만족도 행복도 누릴 수 없다.

39

자산 _ 나를 위한 1퍼센트의 사람들

성공도 실패도 영원하지 않다.

⋯ 목표를 향해 달려가다 보면, 그 길 위에 존재하는 많은 조력자들을 우리는 종종 잊곤 한다. 성공이라는 열매 속에는 교육과 경험 등의 기회를 제공한 사람들이 반드시 존재하게 마련이다. 그들에게서 받은 도움을 제대로 인정하고 존중할 줄 알아야 한다.

가장 가까운 예로 부모님과 가족을 들 수 있다. 세계의 저명한 심리학자들에 의하면 부모와의 관계가 원만하고 풍요로운 사람일수록 균형 잡힌 인간이 된다고 한다. 부모가 해준 게 뭐가 있느냐며 불만만을 늘어놓는 사람은 균형을 상실하게 된다. 부모는 주어진 환경에서 자녀를 보살피고 양육하는 데 최선을 다한다. 하지만 부모도 인간인지라 매사 완벽할 수만은 없어서, 자녀의 꿈을 모두 이뤄 주기란 불가능하다. 부모가 해주는 모든 것에 감사할 줄 아는 사람들은 행복과 성공으로 가는 좀 더 빠른 길을 택한 것과 다름없다. 다음으로는 유치원에서부터 초등학교, 중학교, 고등학교, 대학교까지의 선생님들, 나아가 좀 더 전문적인 기술과 능력을 다듬어 준 스승을 들 수 있다. 그들은 한 개인의 인격을 형성시키고 아낌없이 지식을 전수한 인물들이다. 이들을 향한 감사의 마음은 전하고 전해도 다할 길이 없다.

이외에도 성공을 향해 달리는 길에서 내게 도움을 주는 인물들은 무수하다. 경제적으로나 신상에 문제가 생겼을 때 발 벗고 나서 주는 친구, 직장 동료, 선후배, 이웃 등등 이들은 모두 인생의 '자산'이다.

그들이 사랑과 애정으로 손을 내민다면 서슴없이 그

손을 잡아라. 부담스러워할 필요는 없다. 자신이 받은 것 이상의 사랑과 애정을 베풀면 된다.

세상 사람들의 98퍼센트는 나의 존재를 인지하지 못함으로 인해 내가 죽었는지 살았는지조차 신경 쓰지 않는다. 고작 1퍼센트의 사람들이 나의 상처와 실의를 함께 고민하고, 나머지 1퍼센트의 사람들이 도움의 손길을 내밀어 쓰러진 나를 일으켜 세워 상처를 어루만진다.

그렇게 귀중한 도움의 손길을 기꺼이 그리고 소중히 받아들일 줄 알아야 한다. 호의를 베푸는 사람에게 결코 등을 돌려서는 안 된다. 친구들이 보여 주는 믿음을 저버려서도 안 된다. 배우자의 아낌없는 내조와 지원에도 역시 감사하고 행동을 통해 그 마음을 반드시 표현하도록 하라.

40

자산_효과적인 사용법

아무리 작은 것이라도 알기를 주저하지 말고
아무리 큰 것이라도 도전하기를 주저하지 마라.

･･ 자신의 가정이나 부모를 선택해 태어나는 사람
은 아무도 없다. 우리는 우리의 의지와는 아무런 상관없이
이미 결정된 국가와 도시, 가정, 부모에게서 태어난다. 그
와 동시에 종교, 문화에서부터 재정이나 교육, 지위, 금전,
주택 등 태생적으로 다양한 종류의 것들을 물려받게 되는
데, 이것들은 모두 자산에 속한다.

뿐만 아니라 삶을 살아가면서 많은 선택을 통해 여러

가지 자산을 쌓게 되는데, 여행을 통한 체험과 관찰도 그중 하나라고 할 수 있다. 또 교육이나 직업을 선택함으로써 미래를 설계한다. 친구를 선택하고 인생에 커다란 영향을 주는 일을 선택하며 정치적 입장이나 사회적 입장을 선택한다. 자신이 살 곳을 선택하고 종교를 선택하고 돈을 벌고 쓰는 방법을 선택하며 누구와 결혼해서 몇 명의 자녀를 둘 것인가를 선택한다. 또한 자신의 행동 양식과 문화, 언어, 그리고 표현 방법 등을 선택한다. 이 모든 것들은 인생에 있어서 더없이 중요한 선택들이다.

성공과 행복의 척도는 이렇게 스스로 획득한 자산이나 물려받은 유산을 어떻게 사용하고 관리하느냐에 따라 달라진다. 자산을 그릇되게 사용하면 너무도 당연하게 슬픔과 불행을 초래해 소중한 것들을 상실하게 된다. 반면 자산을 올바르게 관리하고 사용하면 원리주의와 폭력, 물질주의, 책임 불감증, 탐욕, 환경 파괴가 난무하는 현실 속에서도 참으로 소중한 것을 얻게 해준다.

주위를 둘러보면 많은 사람들이 자아를 실현하는 데 자산을 쓰지 않는다. 사람들은 타인을 비난하거나 범죄를 저지르거나 정치적 야욕을 위해 자신의 신성한 종교를 악용하기도 하고, 과시하거나 오만하고 불손한 행동을 합리화하거나 흡연과 음주, 섹스, 도박 등과 같은 나쁜 습관에 돈을 낭비한다. 돈은 자신과 가족의 안위를 위해, 또 헌신과 풍요, 사랑, 자비 등의 행복한 생활을 위해 써야 한다. 또 공포와 불안을 확산하는 수단이 아니라 평화와 안정을 확산하는 수단으로 써야 한다. 아무리 마음대로 할 수 있는 소유 개념의 자산이라 해도 타인을 공격하는 수단으로 쓴다면 이는 자산이라기보다 무기이다.

자산이란 주변 사람들의 고통과 빈곤을 어루만져 주는 수단으로 사용할 때 비로소 그 가치가 인정되며 사회와 국가 번영에 기여할 수 있다. '번영'의 정의를 기술한 기도문을 인용해 보겠다.

제철에 비를 내려 주소서. 풍년이 들 수 있도록 대지를 비옥하게 하시고 이 나라를 질병과 재난에서 구하소서. 학자와 현자에게는 두려움을 모르게 하소서. 빈자는 부자가 되게 하소서. 만인이 만수萬壽를 누리게 하소서. 자식이 없는 이에게는 자손을 주시고, 자손이 있는 이에게는 후손을 이어 주소서. 모든 이들이 행복하고 평안하게 살게 하소서.

달라이라마는 문화에 대해 설명하면서 "인류는 역사적으로 종교와 문화를 오인함으로써 치명적인 실수를 저질렀다"라고 했다. 또한 "심지어 새나 짐승에게도 문화가 있다. 새들은 상대의 둥지를 넘보지 않는다. 여성을 성적으로 괴롭히지도 않고 어린이를 학대하지도 않는다. 정글의 법칙을 준수하며 주변 환경을 파괴하지도 않는다. 이는 인간이 배워야 할 점이다"라고 지적했다.

문화는 내가 세계를 어떻게 인식하고 세계가 나를 어떻게 바라보는지를 결정하며, 나와 타인이 어떤 관계를 형성하는지도 결정한다. 또 한 사람의 주인 역할과 손님 역할을 결정하며, 무엇을 찾고 무엇을 구할지도 결정한다. 이런 문화 속에서 자기 계발에 몰두하는 것은 무한한 행복과 만족을 얻는 하나의 방법이다.

다음 자산으로 꼽을 수 있는 것은 가정과 사회 속에서

의 관계다. 사랑과 배려, 보살핌, 끊임없는 노력으로 가정이 발전하면 인생은 풍요로워진다. 행복과 성공은 부모와 자녀, 형제자매, 배우자, 아이들, 친척, 손님, 동료, 그리고 직장과 사회에서 만나는 사람들을 대하는 자세에 따라 변화한다. 나의 발전에 장애가 되는 사람은 피하는 게 좋겠지만 그렇다고 그런 사람을 욕하거나 미워하는 마음을 갖는 것 또한 발전의 장애가 된다. 건강 역시 빼놓을 수 없는 자산 중 하나다. 자신의 몸과 마음을 다스리며 건강을 체크하는 일은 더없이 중요한 사안이다. 몸에 맞는 음식, 바른 생각과 태도 등은 인생의 훌륭한 토대가 되기 때문이다.

이렇듯 우리가 지닌 자산은 일일이 셀 수 없을 정도로 그 종류가 다양하다. 중요한 건 이러한 여러 가지의 자산들을 어떻게, 어디에, 언제 사용하느냐 하는 것이다.

몸에 열이 나는 한 사람이 손을 베이는 상처까지 입었다고 하자. 의사가 먹는 해열제와 상처에 바르는 연고를 처방했다. 이 사람이 집에 돌아와 연고를 먹고 해열제를 상처에 발랐다면 어떻게 될까? 이러한 잘못은 상상할 수도 없는 결과를 낳을 게 빤하다는 사실을 우리는 경험하지 않고

도 충분히 짐작할 수 있다. 그러므로 모든 것은 적재적소에
합당한 사용법이 있는 것이다.

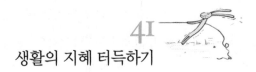

41
생활의 지혜 터득하기

꿈을 성취하고 고된 노동을 감내하며
새로운 기회를 창출하는 것은 생명이요,
돈은 그 생명을 유지하는 에너지다.

┄ 생활의 지혜를 터득한 사람에겐 성공과 행복의
문을 열 자격이 주어진다. 그들은 넉넉한 시간과 자산 그리
고 재원으로 더욱 멋진 인생을 만들어 간다. 이 얼마나 부
러운 일인가! 생활의 지혜를 터득해 성공과 행복의 문을 열
고 싶다면 다음의 항목에 주의를 기울이기 바란다.

1. 물건은 항상 제자리에 놓는 습관을 길러서, 책이나

서류, 문서, 귀중품을 찾는 데 시간을 낭비하지 않는다. 중요한 문서나 물품의 목록을 자주 업데이트하는 습관을 들인다. 재산과 관련된 문서는 안전하고 쉽게 찾을 수 있는 곳에 보관한다.

2. 공과금 등은 납부 기한 내에 납부하도록 한다. 마음이 떳떳해야 두 발 뻗고 편히 잘 수 있다.

3. 재산의 흐름을 면밀히 파악하라. 당신의 삶을 풍요롭게 하고 복지를 증진할 수 있는 방향으로 재산을 사용하라.

4. 부하 직원이 자신의 능력을 최대로 발휘할 수 있도록 관리하라.

5. 새로운 기술과 지식을 습득하는 시간을 마련하라. 차원 높은 정보를 습득하고 이를 실천하라.

6. 가족과 친구, 동료들과 지속적으로 교류하라.

7. 물질뿐 아니라 여행과 음악, 무용, 미술, 독서, 우정 등이 삶을 풍요롭게 만든다는 점을 명심하라.

8. 만일 대출을 받은 게 있다면 이를 잘 관리하라.

9. 작업 목표에 활력을 불어넣을 수 있도록 직장에서 새로운 일을 모색하라.

10. 개인적인 것이든 전문적인 것이든, 자신에게 주어진 과업을 효율적이고 훌륭하게 성취하려면 그에 적합한 계획을 짜라.

11. 기력과 활력을 되찾을 수 있도록 틈틈이 휴식을 취하라.

12. 가능한 한 타인의 모범이 되도록 노력하라.

Part 4_감사

칼바람 속에 피어나는 성공의 눈꽃송이

자신을 알아야 친절도 베풀 수 있다

42

완벽한 조건이란 존재하지 않는다.
모든 조건이 갖춰질 때까지 실행을 연기하는 사람은
결국 아무것도 하지 못한다.
지혜로운 자는 넘어질 때마다 더더욱 지혜로워진다.

··• 친절한 행동과 자애로운 마음은 내면 깊은 곳에
서 우러나온다. 성취에 대한 확신이 있는 상태에서 자신을
제대로 알 때 타인에게도 친절할 수 있다. 의심과 질투, 불
안 등으로 가득한 사람은 타인에게 또한 불친절하고 비판
적이다. 자신에 대한 믿음이 없기 때문에 언행이 거칠고 인
색해지는 것이다. 그러므로 부정적인 마음을 떨쳐 버리고
자신만의 장점을 찾아보는 노력이 우선적으로 필요하다.

장점을 발견하면 자연스럽게 자부심을 가질 수 있기 때문이다.

성공과 행복으로 향하는 길을 정확히 인식하고 목표 성취를 위해 부단히 노력하면 주위 사람에게도 자연스럽게 친절하고 따뜻한 마음을 갖게 된다. 자신의 목표를 향해 모든 에너지를 쏟아 부어야 하는 시점에서 부정적인 감정에 마음을 빼앗기는 것은 불필요한 에너지 낭비다.

역사적으로 위대한 인물들을 보면 그들은 악인을 지탄하기보다는 그들의 행위나 정신을 지적한다. 그 어떤 악인이라 해도 스스로 마음만 다스릴 줄 알면 얼마든지 선인이 될 수 있다고 믿었기 때문이다.

그러나 지나친 친절도 문제가 될 수 있으므로 상황에 따라 지혜로운 분별이 있어야 한다. 평범하게 살아가는 우리들은 위인들처럼 악한 사람을 변화시킬 수 있는 무한한 힘을 가지고 있지 못하기 때문에 자신의 발전에 보다 많은 노력을 기울이는 것이 바람직하다.

43
나누는 삶이 가져다주는 것들

··· 관대한 마음에는 정화의 힘이 담겨 있어서 타인과 함께 은총을 나누는 삶을 만들어 간다. 이러한 마음은 물질을 나누는 것에 머물지 않는다. 여기에는 따뜻한 격려의 말과 손길로 타인의 고통을 줄여 주려는 노력이 함께 깃든다. 또 세상을 보다 살기 좋은 곳으로 변화시키려는 마음과 자연과 생명의 복원에 기여하려는 마음도 함께 한다.

우리는 어릴 때부터 배고픈 자에게 음식을 나눠 주고

궁핍한 자에게 도움의 손길을 보내며 실력 있는 자에게는 기회를 베풀라고 배우지만, 정작 어른이 되면 이를 실천할 기회를 제대로 포착하지 못한다. 기회를 만들어 이러한 가르침을 실천해 보면, 그러한 행위가 타인뿐 아니라 자신을 위한 것이라는 사실을 깨닫게 될 것이다. 돈과 안락함, 생계와 지식, 용기 등 내가 얻은 많은 것들을 타인과 나눌 때마다 나의 부—그것이 영적이든 세속적이든—는 몇 배로 증가하는 것을 확인하게 될 테니 말이다.

나누는 행위는 매우 거룩한 것이어서, 특별한 노력이나 축복받아 마땅한 행위를 하지 않았더라도 신으로부터 축복을 받는다. 신과 자연, 사람, 주변으로부터 많은 것을 받았다면 이를 나누는 것은 어쩌면 지극히 당연한 일인지도 모른다. 세계 역사상 더없이 뛰어난 인물로 추앙받는 아쇼카 대왕이 남긴 저명한 다울리 칙령은 해탈에 이르는 네 가지 길을 다음과 같이 명시한다. 이 유명한 칙령의 정신은 세속적이면서도 우리에게 성공과 행복을 영위할 수 있는 길로 안내한다.

1. 모든 생명을 존귀하게 여겨라. 날짐승과 들짐승에게도 온유하게 대하라. 인간과 마찬가지로 동물에게도 이 땅에서 살아갈 권리는 분명히 있다.

2. 지식을 탐구하는 이를 존경하라. 그는 후세를 위해 풍요로운 유산을 만든다. 지혜의 원천인 그에게 많은 것을 나누어 주라.

3. 윗사람을 공경하고 받들라. 윗사람이 열심히 노력한 대가로 오늘날 내가 풍요롭고 만족스러운 삶을 살고 있다는 것을 명심하라.

4. 자연에게서 받은 것은 자연에게 되돌려줘라. 그래야만 다음 세대도 자연의 혜택을 누리며 살 것이다.

44
함부로 말해서는 안 되는 것들

새로운 시도를 하지 않으면 성장은 멈춘다.

⋯ 성공과 행복을 이루기 위해 우리가 해야 할 것들은 여러 가지가 있지만, 그중에서 무엇보다 인간관계가 중요하며, 타인과 원만한 관계를 유지하기 위해서 가장 유의해야 할 것이 바로 '말'이다. 이미 서로에 대해 많은 것을 알고 배려가 가능한 가족이나 가까운 친구를 제외하고 타인과 대화를 나눌 때 반드시 주의를 기울여야 하는 것들이 있다. 그중에서도 다음의 아홉 가지 비밀은 꼭 지키도록 하라.

1. 많은 사람들 앞에서 특정한 사람의 나이를 거론하거나 공공연하게 자신의 나이를 밝히지 마라.

2. 타인의 재산이나 수입에 대해 묻지도 말고 자신의 수입이나 재산에 대해 자랑하거나 과장하지도 마라.

3. 타인의 가족 문제에 대해 알고 있다 하더라도 사람들 앞에서 이를 발설하지도 말고 카운슬러나 가까운 친구가 아니면 자신의 가족 문제도 꺼내지 마라. 나를 견제하던 사람의 조롱과 비웃음을 살 뿐이다.

4. 공개 석상에서 타인의 결혼 생활에 대해 이러쿵저러쿵 말해서는 안 되며 자신의 배우자나 파트너에 대한 얘기 역시 꺼낼 필요가 없다. 나를 따뜻하게 받아 주는 사람이 아니라면 그런 행위는 모두 독이 되어 돌아올 뿐이다.

5. 의사가 아니라면 타인에게 자신의 건강 문제를 이야기하지 마라. 자신이 복용하는 약에 대해서나, 질병을 어떻게 치료할 것인가에 대해서도 타인의 의견을 묻지 마라. 또 타인의 질병에 대해서도 마찬가지로 꼬치꼬치 캐묻지 마라.

6. 영적인 추구는 자신의 가슴속에 묻어 둬라. 나의 종교가 모든 사람의 관심은 아니기 때문이다. 그리고 신앙이나 종교, 문화가 다르다고 해서 그에 대해 비방하지 마라.

7. 당신이 얻은 영예, 미디어나 주위 사람들로부터 받은 칭찬을 떠들고 다니지 마라.

8. 신뢰하는 사람을 제외하고, 사람들 앞에서 겪은 수모와 상처와 고통을 절대 보여 주지 마라. 심심한 사람들의 호기심거리로 전락할 뿐이다.

9. 상대가 나를 믿고 털어놓은 비밀을 타인에게 발설
하지 마라.

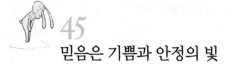

45
믿음은 기쁨과 안정의 빛

벗이란 밝은 빛 아래에서는 나와 함께 춤추고
어두운 그늘 속에서는 나를 지켜 주는 존재다.

··육체와 정신, 영혼, 생명력, 신성은 인생의 다
섯 가지 근본 요소다. 이들을 하나로 엮어 주는 것은 바로
확고한 믿음이며, 창의적으로 이용할 때 믿음은 인생의 훌
륭한 역할을 담당한다.

믿음은 목표에 임하는 바른 의지, 바른 행동, 바른 언
행에서 나온다. 목표를 향해 나아가는 길 위에서 자신과 신
의 능력을 의심 없이 믿을 때 미래에 대한 통찰이 나온다.

역사적으로 성공한 인물들은 한결같이 '믿음이야말로 목표를 성취하는 열쇠였다'고 말한다. 종교는 인생에서 믿음이 얼마나 중요한지 역설한다. 기독교와 이슬람교, 힌두교, 시크교, 불교 등의 전설에 따르면 믿음은 산도 옮길 수 있는 힘을 지니고 있다고 한다. 예를 들어 힌두교 경전을 보면 《디아나Dhyana》 실로카에 다음과 같은 시구가 나온다.

기쁨의 물결, 마다바Madhava, 크리슈나에 귀의하나이다.
그분의 은총으로 벙어리가 유창한 언변으로 말하고
그분의 자비로 절름발이가 높은 산을 오르나이다.

진정한 믿음이 있다면 불가능해 보이는 일도 가능하게 만들 수 있다는 의미다. 히말라야 트레킹을 하다 보면 늙고 병든 자들이 신을 경배하기 위해 강추위를 무릅쓰고 험한 산을 오르는 모습을 볼 수 있다. 또 들것에 실린 채 바이슈노 데비로 순례하는 사람들을 목격하기도 하는데, 그들에게 중도 포기란 있을 수 없다. 그들은 정상에 서는 그 순간까지 믿음을 저버리지 않고 오르고 또 오른다. 순례자는 신을 섬

기기 위해 궁핍하고 엄격한 고행을 마다하지 않는다. 아이들도 엄마의 손을 붙잡고 히말라야의 구루 고빈드 싱Govind Singh의 열반지를 보기 위해 눈 덮인 헴쿤드를 오른다.

믿음이 있을 때 삶은 비로소 기쁨과 안정의 빛을 찾는다. 그리고 험난한 인생 여정을 웃으며 항해할 수 있는 용기도 얻는다.

46

정직과 성실함이 가져다주는 축복

정직과 성실을 그대의 벗으로 삼으라!
아무리 누가 그대와 친하다 하더라도 그대의 몸에서 나온
정직과 성실만큼 그대를 돕지는 못하리라.
– 벤자민 프랭클린

••• 상대의 눈을 보면서 자신의 속내를 이야기할 수 있다면 이보다 큰 축복을 없다. 이는 대면하고 있는 상대가 어떤 위치에 있는 사람인가와 무관하게 일체의 두려움 없이 진솔하게 대할 수 있다는 것을 뜻하기 때문이다.

솔직함은 상대의 감정이 상하든 말든 아무렇게나 말하는 것을 뜻하지 않는다. 또 솔직함은 말을 통해서만 느낄 수 있는 것은 아니다. 생각을 전하는 방법에서, 움직이는 몸짓

에서, 그리고 눈동자에서 솔직함은 여지없이 드러난다.

솔직함은 의지와 선의가 결합한 부드러움에서 비롯한다. 지금과 같은 무한 경쟁 사회에서는 앞서 나가기 위해 남을 속이는 일쯤 아무렇지 않게 받아들여질 수 있다. 오히려 그렇게 하지 못하는 사람을 무능하게 여기기까지 하며 남을 속이는 일이 성공을 향하는 지름길이라고 믿는다. 하지만 남을 속이며 부당하게 타인의 몫을 빼앗아 이룬 성공의 탑은 모래성과도 같아서 쉽게 무너지고 만다.

진실로 축복받는 성공의 탑을 쌓고 싶다면 매사 솔직할 수 있도록 노력하라.

47
습관처럼 평화를 닦아라

･･ 평화는 평정심을 유지하는 데서 시작한다. 한쪽
에서는 슬픔과 분노, 탐욕, 비탄, 정욕 등이 계속해서 마음
을 괴롭히고, 다른 쪽에서는 기쁨과 행복, 욕구 등이 마음
을 흥분시킨다.

두 개의 마음에 지배되어 계속적으로 흔들리면 평화
는 찾아오지 않는다. 인생의 굴곡을 냉정하게 바라보며 마
음을 안정시킬 때 뒤섞여 흔들리는 마음은 서서히 평화를

찾는다.

평화는 하나의 습관처럼 매일매일 갈고닦아야만 유지가 가능하다. 어떤 일을 하든지 평화를 위해 가슴으로 기도하고 노력하라. 그리고 다음의 글을 깊이 새기고 명상을 시도하라.

"평화는 아무런 갈등도 없을 때 오는 게 아니라 지혜롭고 창조적으로 갈등에 대처할 때 찾아온다."

48
사랑하고 또 사랑하라

만족하게 살고, 때때로 웃으며, 많이 사랑한 사람이 성공한다.
— A. J. 스탠리

　‥ '사랑이 넘치는 삶은 성공과 행복의 문을 여
는 열쇠다.'

이는 역사적으로나 세계적으로 유명한 사람들이 실천
하고 검증한 금언이다. 사랑을 인생의 토대로 여기고 이를
실천한 사람들에게는 성공이 왕관처럼 찾아왔다. 인생과
세상을 사랑하면 다음과 같은 열매를 얻을 수 있다.

1. 타인의 잘못을 너그럽게 용서하며, 타인이 주는 사소한 고통이나 상처, 모욕, 무례함 등을 마음에 담아 두지 않는다. 상대에게 악의나 복수의 마음을 품지 않는다. 사랑을 실천하는 마음은 거울처럼 맑아서 삶을 있는 그대로 비춘다.

2. 연민의 정이 풍부해진다. 연민은 값싼 동정이 아니다. 동정은 선심을 쓰거나 자신의 우월성을 과시하는 것이지만 연민은 상대의 고통을 함께 나누는 마음이다. 상대의 마음속으로 들어가 고통을 헤아리며 어려운 처지를 극복할 수 있도록 자신감을 심어준다.

3. 사랑하는 대상의 성공과 안위를 위해 노력한다. 이를테면, 조국을 사랑하는 마음이 앞선다면 조국의 명예에 해가 되는 행동을 하지 않을 것이며, 부모를 사랑하는 마음은 부모에게 정성과 효를 다할 것이다. 배우자나 자식을 사랑하는 마음은 가정의 평안

과 행복을 위해 부지런히 일한다. 삶을 사랑하는 마음은 언제 어디서나 미소 지으며 주위에 평화와 행복의 기운을 전파한다.

4. 사랑 속에서 열정이 우러나와 마음속에 있는 부정적인 요소들이 씻겨 나가면 영혼은 자유롭게 비상한다. 세속적 일상에서 자유로워져 활력이 넘치고 유쾌한 일상으로 변화된다.

5. 타인과의 협력이 수월하다. 타인의 목표와 처지를 공감하며 타인의 성취를 돕거나 공동의 목표를 실현하기 위해 노력한다. 공동의 목표를 성취하면 힘과 에너지는 몇 배로 넘쳐난다.

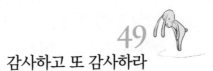

49

감사하고 또 감사하라

가장 축복받는 사람이 되려면
가장 많이 감사할 줄 아는 사람이 되라.
– 쿨리지

··· 매사 감사할 줄 아는 마음은 성공과 행복을 거
머쥔 사람들의 대표적 특징이다. 그러므로 내 삶에 도움을
주고 지혜를 일깨워 준 많은 사람들과 학교, 단체 등등, 주
위의 모든 것들을 감사와 존경의 마음으로 대해야 한다.

그중 부모와 가족으로부터 받은 사랑과 정은 무엇보다
우선한다. 부모는 자식에게 인생의 소중한 문화와 윤리, 가
치 등을 가르치고 더 나은 교육을 위해 열심히 뒷바라지하

며 자신을 희생한다. 또 부모로부터 물려받은 유산은 인생의 풍랑을 헤쳐 나갈 수 있는 배가 되어 준다. 특히 어머니는 자식의 허물을 감싸고 조건 없는 사랑을 나눠 주며 인생의 고비마다 든든한 후원을 아끼지 않았다. 그런 부모도 나이가 들면 능력이 사라지고 몸은 병든다. 가는 세월을 막을 수 없는 부모를 위해 할 수 있는 건 오직 존경과 감사의 마음으로 효를 다하는 것이다. 늙고 병든 부모는 마음으로나마 우리에게 끊임없이 축복을 내린다. 부모의 축복을 받은 사람치고 성공과 행복을 누리지 못한 사람은 없다. 이것이 바로 감사하는 마음의 절대적인 힘이다.

이러한 마음가짐은 스승에게 또한 마찬가지다. 아낌없이 지식을 나눠 준 스승에게 감사하라. 그들은 나에게 성공으로 가는 길을 보여 주었다. 이제 막 사회로 진출하려는 제자에게 '나는 너를 믿는다'라는 스승의 말 한마디는 평생 동안 든든한 힘이 되어 준다. 재능을 인정하고 새로운 기술을 가르치고 경력을 쌓을 수 있도록 해준 스승의 마음을 어찌 다 헤아릴 수 있겠는가. 나아가 문화와 종교, 예술 등의 더없이 소중한 보물을 누리게 해준 모든 이들에게 감사하라. 제아무리 똑똑하다고 하더라도, 또 많은 재산을 소유했다 하더라도 문화와 예술의 영향이 없다면 우리의 삶은 건조하기 이를 데 없을 것이다. 인생에서 누리는 모든 것들에 감사하고 또 감사하라.

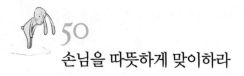

50
손님을 따뜻하게 맞이하라

집에 있으면서 손님을 맞아 대접할 줄 모르면,
밖에 나갔을 때 비로소 자기를 받아 주는 곳이 적음을 알게 될 것이다.
– 《명심보감》

⋯ 손님을 환대하는 것은 어떤 문화권을 막론하고 중요하게 여기는 가치이다. 손님과 친구를 환대할 때 당신의 가정은 순수하고 밝게 변하며 그 속에서 밝은 삶이 꽃피어 난다. 인도의 서사시에도 가난한 사람이 이타적인 환대와 헌신으로 신의 사랑을 받는 일화가 꽤 나온다. 원주민 여성으로 산딸기를 공양해서 라마의 은총을 받은 샤바리 Shabari, 사랑하는 마음으로 크리슈나에게 한 줌의 쌀을 공

양해서 크리슈나의 사랑을 받은 수다마Sudama 등의 일화
는 손님을 따뜻하게 맞이하라는 좋은 예이다. 예의와 환대
는 복 받은 자에게서 찾아볼 수 있는 마음이다. 그런 사람
의 가정은 기쁨과 축복이 가득하다. 어느 것 하나 부족함이
없다. 또한 욕망이나 탐욕의 노예가 되지 않는다.

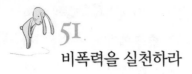

51
비폭력을 실천하라

덕이 없어도 복종하는 자가 많으면 반드시 스스로 다친다.
폭력으로 복종시키는 자는 자멸한다.
– 《논어》

··· 비폭력의 정신을 제대로 이해하려면 먼저 우주의 큰 존재를 깨달아야 한다. 불경에는 붓다가 오만한 앙굴리말라에게 이런 진리를 가르치는 이야기가 나온다.

앙굴리말라는 흉악한 산적이요 잔인한 살인자였다. 어느 날 그는 숲 속에서 명상에 잠긴 붓다를 발견했다. 붓다의 평정심에 놀란 앙굴리말라가 소리쳤다.

"당신은 어찌해서 그리 태평한 게요? 사람들은 나만

보면 무서워서 벌벌 떠는데, 감히 내가 누군지 모른단 말이오? 나는 사람들의 등골을 오싹하게 만드는 산적이오!"

붓다는 미소를 머금은 채 오히려 앙굴리말라에게 근처의 나무에서 잎을 따오라고 말했다. 그러자 앙굴리말라가 목청껏 웃으며 대꾸했다.

"그게 전부요? 나 같은 산적에게 그런 일을 시키다니! 자, 나뭇잎 여기 있소."

붓다는 앙굴리말라에게서 받은 나뭇잎을 모두 돌려주며 말했다.

"자, 이제 이 나뭇잎들을 모두 제자리에 돌려놓으시오."

앙굴리말라는 황당한 표정을 지으며 당연하다는 듯 그럴 수 없다고 대답했다. 그러자 붓다가 말했다.

"당신이 파괴한 것을 되돌릴 수 없다면 당신은 무슨 권리로 자연과 생명을 파괴하는 것이오?"

전해 오는 이야기에 따르면 잔인했던 앙굴리말라는 결국 붓다의 설법을 듣고 그의 제자가 되어 불교를 공부하고 드디어는 깨달음을 얻었다고 한다. 성공과 행복을 희망하는 사람이라면 다음 세 가지 비폭력은 반드시 지켜야 할 것이다. 비폭력을 실천하면 내면에서 평화롭고 창조적인 에너지가 저절로 뿜어 나온다.

1. 신체의 비폭력. 당신의 신체를 사용해 간접적으로나 직접적으로 타인에게 해를 가해서는 안 된다.

2. 언어의 비폭력. 타인을 괴롭히거나 상처 주는 말을 해서는 안 된다. 무례한 말투로 타인의 감정을 건드리거나 비방해서도 안 되며, 상대의 의견이 나와 다르다고 해서 상대를 공격하거나 함부로 욕설을 내뱉는 것 모두가 언어폭력이다.

3. 정신의 비폭력. 사실 정신의 비폭력을 실천하는 일은 쉽지 않다. 인간의 본성은 대단히 복잡해서 매순간 마음속에서는 세상에 대한 분노와 절망의 감정이 뒤섞인다. 인간의 폭력성을 완전히 없앤다는 것은 불가능에 가깝다. 따라서 우리가 할 수 있는 일은 영혼을 갉아먹는 적의와 악의를 멀리하는 습관을 들이

는 것이다. 또한 선한 생각은 불러일으키고 증오와

질투는 멀리하기 위해 수련이 필요하다.

52
용서의 힘

남을 존중하고 소중히 하며 넉넉히 용서하는 마음,
타인의 미숙함을 관용하는 아량을 갖춘 사람은
많은 사람을 끌어당기는 힘과 능력이 있다.

⋯ 용서는 우리가 알고 있는 것보다 **훨씬 큰 힘을**
지니고 있다. 화를 다스림으로써 상대에게 악의나 증오의
감정을 갖지 않는 것만으로도 우리의 마음은 정화된다. 그
러면서 상대를 어떻게 용서해야 하는지도 배우게 된다.

간혹 우리는 상대의 허물을 용서하는 일을 친절을 베
푸는 행위라고 생각하는 경향이 있다. 하지만 사실은 이와
다르다. 타인의 실수나 허물을 책하지 않는 것은 사실 알고

보면 나를 위하는 일이다. 상대의 허물을 용서하면 나의 가슴이 맑아지고 새로운 사고와 행동에 보다 유연함을 갖게 된다. 그렇다고 타인의 비행이나 악행을 그저 눈감아 주라는 말은 아니다. 허물을 용서하는 것과 잘못, 나아가 범죄를 보고도 묵인하는 것은 그 의미가 다르다.

인간이라면 너나없이 실수를 하며 살게 마련이다. 타인의 허물을 용서하듯 스스로의 실수를 용서하는 것 또한 중요하다. 한 번의 실수로 죄의식에 사로잡혀 우울한 삶을 사는 것은 그 누구를 위하는 일도 아니다. 죄의식은 우리의 정신을 병들게 하는 바이러스와도 같다. 🎁

53
완전한 성공으로 향하는 계단

성공은 절대 운명의 장난이 아니다.
– 빌 게이츠

   •• 성공한 스포츠 스타나 기업가, 예술가, 영화 배우, 타고난 재주꾼들의 공통점을 찾아보면 그들은 모두 하나의 성공에 안주하지 않는다는 것이다. 그들은 한 분야의 정상에 설 때도, 나아가 세계 기록을 경신해 냈을 때도 기량의 발전을 위해 또다시 노력한다.

   어쩌면 이 세상에 완전한 성공이란 존재하지 않는 것인지도 모른다. 우리는 그 성공을 향해 뻗어 있는 계단을 쉼 없이 오르고 있을 뿐이다. 어느 단계에 올라섰느냐 하는 것이 사람마다의 차이점이라고 할 것이다. 여기서 중요한 건 앞서 예로 든 사람들의 경우처럼 어느 단계에 도달했다고 해서 멈춰 서지 않고 더 높은 계단을 향해 오르고 또 오르기를 지속한다는 것이다. 완전한 성공을 위해 나아가는 길 위에서 그들에게 쉬는 일이란 있을 수 없다.

하나의 목표를 성취했다면 그다음 단계에 오르기 위해 몇 배의 노력이 더 필요하다. 오르면 오를수록 더 많은 힘과 노력이 요구되기 때문이다. 🎁

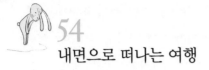

54
내면으로 떠나는 여행

우리는 이 세상에서 왕성하게 활동하며,
인간에게 이익이 되는 좋은 일을 하고자 여기에 있는 것이다.
― 《바가바드기타》

··· 인도 문화 중에 '브랜드 인디아Brand India'―삶은
값으로 따질 수 없을 만큼 귀중한 신의 선물이기 때문에 모든
존재는 계속 삶을 찬미하라―라는 가르침이 있다.

찬란한 태양은 매일 아침 새롭게 떠오르고 그리고 저
녁이 되면 그 태양은 어김없이 서편 하늘을 붉게 물들이며
기울어 간다.

우리의 삶 또한 생명의 기쁨을 안겨 주는가 하면 비탄

과 좌절, 불행, 실망에서 얻게 되는 고뇌도 함께 던져 준다. 이렇듯 삶은 음양의 조화로 이뤄진다. 욕망과 초연, 활발함과 잔잔함, 적극성과 소극성, 스트레스와 명상, 분노와 용서, 이기심과 관용 등이 우리 안에 함께 존재한다. 무언가를 필사적으로 구하거나 자신의 욕망을 실현하기 위해 정신없이 생활하면 스트레스와 울화가 쌓여서 공격적인 성향을 띠게 된다. 일이 뜻대로 풀리지 않으면 우리는 이내 희망을 상실한다.

기쁨과 성공과 행복으로 살 수 있는 기회를 부여하는 한편 삶은 우리에게 이러한 목표에 방해가 되는 온갖 장해물들을 세워 놓기도 한다. 이는 우리의 정신과 영혼이 육체라는 새장에 갇혀 있을 수밖에 없는 본질적인 모순의 결과일 것이다. 우리의 꿈과 바람은 육체적인 존재보다 훨씬 크다. 그리고 우리의 영혼은 영원하다. 하지만 우리의 육체는 시간이라는 엄청난 틀 속에서 결코 자유롭지 못하다. 바로 이러한 모순이 일생 동안 쉼 없이 찾아오는 불행의 원인이다.

위대한 사상가나 철학자에 따르면 이런 모순을 해결하

는 데는 딱 한 가지 방법이 있다고 한다. 자신의 내면으로 여행을 떠나는 일이다. 자신의 분야에서 최고가 되기 위해 부단히 노력하며 다양한 자아 탐구와 분석을 즐기는 가운데 내면으로의 여행을 떠나는 것이다. 여정이 끝날 무렵 스스로 누구도 앗아 갈 수 없는 평화와 행복이란 보물을 찾게 된다. 《바가바드기타》에는 이런 말이 있다.

"오직 그대만이 원하는 높이까지 자신을 끌어올릴 수 있다. 그대는 자신에게 가장 좋은 친구다. 동시에 자신에게 가장 나쁜 적이기도 하다."

또 아디 샹카라는 "진리를 깨닫고 이를 생활 속에서 실천하는 사람은 더 이상의 앎을 필요로 하지 않는다. 그는 고통의 한가운데서도 행복을 발견한다"고 했다.

진리를 요약하면 다음과 같다.

영원한 것을 생각하라.

덧없고 무상無常한 것을 통찰하라.

마음의 신전 안에서 영원과 무상을 분별하라.

그리고 영원한 것에 대해서만 명상하라.

214

이 네 문장이 가르치는 영원한 진리를 받아들이고 성공과 행복을 찾아 한 계단 한 계단 오르다 보면 삶은 더 없이 풍요로워지고 기쁨과 환희로 넘쳐나게 될 것이다.

나를 바꾸는 1%의 비밀

1판1쇄 인쇄 2007년 12월 20일
1판1쇄 발행 2007년 12월 25일

지은이 | 비블라 파틸
옮긴이 | 손민규
펴낸이 | 임성규
펴낸곳 | 메가트렌드
등록 | 1988. 11. 5. 제1-832호
주소 | 서울시 성북구 동소문동 4가 111번지
전화 | 928-8741~3(영) 927-4990~2(편)__팩스 | 925-5406
ⓒ 비블라 파틸, 2007

이메일 | webmaster@munidang.com
홈페이지 | http://www.munidang.com

ISBN 978-89-7456-394-3 03320

메가트렌드는 문이당 출판사의 브랜드입니다.